古代スラヴ語の世界史

服部文昭

白水社

はじめに

ビザンツ研究の権威ポール・ルメルルの『ビザンツ帝国史』の中に以下のような記述が出てくる。

「八六三年には、キュリロスとメソディオスが、モラビアにおける伝道のためテッサロニケを発ち、スラブ人たちの使徒となってゆく。八六四年には、ブルガリアの皇帝ボリスが、コンスタンチノポリスでミカエルというキリスト教徒の名を名乗って洗礼を受け、ついで人民たちに洗礼を課する。」

これは、世界史の中で大きな存在感を持つビザンツ帝国に焦点を絞った本の中では、うっかりすると見逃してしまいかねないような簡潔な記述である。ところが、視点を変えてスラヴ人の立場からこの部分を読めば、実は、スラヴ人や古代スラヴ語の歴史を知る上では見過ごすことの出来ない重要な出来事を述べた部分なのである。つまり、ビザンツ帝国、ローマ教会、東フランク王国といった当時の強大な勢力のせめぎ合いの中で翻弄されてゆくこととなるスラヴ人の有様が、この簡潔な記述の向こうに潜んでいるのである。

本書は、この『ビザンツ帝国史』にも登場する「キュリロスとメソディオス」、「モラビア」、あるいは、「スラブ人たちの使徒」などをキーワードとして、スラヴ人や古代スラヴ語を取り巻く世界を探究してゆくものである。そしてその際に、スラヴ人や古代スラヴ語について、ビザンツ帝国、ローマ教会、東フランク王国といった当時の強大な勢力の動向とも絡めて分かり易く語ろうとするものである。

古代スラヴ語とは

古代スラヴ語とは、西暦九世紀の後半から十一世紀末にかけて、当時のスラヴ人が文章語として用いた言葉である。

それ以前においてもスラヴ人には共通の言語は存在していた。この言葉は共通スラヴ語と呼ばれている。だが、この共通スラヴ語の時代には、スラヴ文字は存在せず、従って文献も残っていない。古代スラヴ語の時代になって初めて、スラヴ文字が生まれ、文献が誕生したのである。

古代スラヴ語の誕生の発端は、キリスト教の布教にあった。九世紀の後半に、モラヴィア（現在のチェコ東部あたり）を中心としたスラヴ人の国家において、スラヴの言葉によるキリスト教布教が始められた。布教で用いる福音書などの経典類を著すためにスラヴ語の書き言葉が必要となり、創り出されたその書き言葉が古代スラヴ語なのである。当時のスラヴ人の話す言葉は共通スラヴ語であったが、この頃には、居住地方ごとの方言差も目に付くようになっていた。そこにキリスト教布教のために、地域ごとのスラヴ諸方言にとらわれない、統一的な書き言葉が構築されたのであった。このような超地域的で規範的性格を持つ書き言葉を「文章語（literary language)」と呼ぶが、古代スラヴ語は、まさに、このような文章語としてスラヴ人の間に誕生し定着してゆくのである。

本書では、「古代スラヴ語」という名称を使用するが、この古代スラヴ語は、「古代教会スラヴ語」という名前で呼ばれることも多い。それは、上に述べたように、聖書の翻訳や宗教的活動に用いられる文章語であったからである。言い換えれば、古代スラヴ語は日常生活の中で使われる言葉ではない。その意味では、古代スラヴ語は、ロシア語、ブルガリア語、チェコ語といった現代のスラヴの諸言語とは、果たす機能が異なるのである。また、古代スラヴ語という呼び名の「古代」の部分（諸外国の用語に現れるOld、Alt-、vieux、старо- の部分）は、歴史学の時代概念ではなく、単に「古い昔の時代」といった程度の意味である。ここでは、九世紀後半から十一世紀末を指しているに過ぎない。

さて、当初は統一的、規範的言語として創り出された古代スラヴ語であったが、十二世紀に入ると、地域ごとの変異が顕著になり、単一性が失われ、別々の諸言語に分裂してゆく。このように地域ごとの変異が進み、当初の単一性が失われれば、もはや「古代スラヴ語」という一つの名称でそれらの変異した諸言語を一括することは不適当である。従って、研究者は十二世紀との境界である西暦一一〇〇年までの文献資料を古代スラヴ語の資料と見做すことにしている。

このような歴史の中で見ると、古代スラヴ語とはどのような重要性を持つのであろうか。まず古代スラヴ語によってスラヴ人は初めて文字を手に入れ、文章を書き記すことを始めた。つまり、スラヴ人自身の言葉によって文献を書き残せるようになった歴史的意味は無視し難いであろう。

次に、スラヴ人は、自分たちの言葉を通してキリスト教世界と関わりを持つことにより、その存在感を徐々に高めてゆくことになる。とりわけ、東方教会の圏内において、今日に繋がるような大きな存在となってゆくことは重要である。

本書で主に取上げる西暦九世紀から十一世紀末にかけてのスラヴ人は、総人口は多いが、基本的に、小さな集団で離れ離れに穏やかに暮らす農耕民であった。他の民族が流入してきた場合でも、積極的に抵抗するというよりも、その民族に付き従って行動する場合が多かった。そしてその民族に従って移動を重ね、新たに作られた国の住民となるようなことも多かった。国民としてのスラヴ人は、キリスト教を自分から求めるまでには進んではいなかったが、為政者にとっては国民の大多数であるスラヴ人を統治するためにキリスト教という「秩序」に頼ることは有益であった。そして、そのキリスト教の典礼をスラヴ人に分かるように書き表す目的で、古代スラヴ語が創り出されたのだった。このように古代スラヴ語はスラヴの民衆が自発的に求めたものではなく、統治者、為政者の都合によって制定されたものであった。それゆえ、この古代スラヴ語の盛衰を辿る際には、ただ単に言語としての側面に限ることなく、スラヴ人の国々の盛衰が直接に関わってくるのである。したがって、本書では、古代スラヴ語の成立やその移り変わりをスラヴ人やその国家の盛衰と絡めて述べてゆくことになる。

目次

地図制作　閏月社

9世紀半ばのスラヴ世界とその周辺

第一章　古代スラヴ語の誕生前夜

――西暦九世紀半ばのモラヴィアで

モラヴィア国の成立

古代スラヴ語とは、西暦九世紀後半から十一世紀末にかけて、当時のスラヴ人の間で用いられた文章語である。古代スラヴ語の誕生の発端は、九世紀後半のモラヴィア国（現在のチェコ東部あたり）で、スラヴの言葉によるキリスト教布教を始めようとしたことであった。すなわち、布教に使う経典類を著すためにスラヴ語の書き言葉が必要となり、その文字も含めて新たに創り出された書き言葉が古代スラヴ語だったのである。換言すれば、スラヴ人に対するキリスト教の布教を進めるために生み出されたのが古代スラヴ語なのである。では、そもそも、なぜモラヴィア国で、スラヴの言葉によるキリスト教の布教が開始されることになったのだろうか。それを理解するためには、古代スラヴ語が誕生する前の、九世紀半ばの情勢について知ることが必要である。

まず、モラヴィア国は、八三〇年、フランク王国の東の辺境に生まれた国で、支配者はモイミール侯（在位八三〇～八四六）であった。モイミールの称号については、英語文献では prince とされ、日本のスラヴ研究では「侯」と訳されることが多い。現代ではモラヴィアと言えばチェコ東部を指すが、当時のモラヴィア国はポーランド、ハンガリー、オーストリアの一部にも及ぶ広い地域を領有していたため、「大」の文字を付加して「大モラヴィア国」と呼ぶことも多いが、けっして「強大な国」であったわけではない。

モラヴィア国は、モイミール侯も含め、スラヴ人の国であったが、このモラヴィア国が誕生する背景には次のようなことがあった。

スラヴ人は、もともとドニエプル川中流域（現在のウクライナ北中部〜ベラルーシ南東部）に居住していた。しかし、六世紀、中央アジアからの遊牧民アヴァール人の一部が西に向かって動き出すと、スラヴ人はアヴァール人によって征服されてしまう。そしてアヴァール人に引き連れられ、ドナウ川に沿ってビザンツ帝国内やパンノニア（現在のハンガリーあたり）に侵入してゆく。このアヴァール人の西進の結果、モラヴィア近辺はアヴァール人勢力とフランク人勢力とが接する地帯となり、アヴァール人及び彼らに引き連れられて来たスラヴ人もモラヴィア近辺に定着することになった。

その後、アヴァール人はフランク王国カール大帝に征伐されて、事実上滅亡し、モラヴィアのスラヴ人はフランク王国の勢力圏に組み込まれる。だが、カール大帝の没後、後継者たちが勢力争いを繰り広げる隙間を突く形で、八三〇年、スラヴ人のモイミールが首長となり国を建てた。これがモラヴィア国である。このモラヴィア国の成立には、二つの好条件が作用していた。一つは、カール大帝の後継者たちの勢力争いが続くフランク王国に版図拡大の力が無かったことである。もう一つは、モラヴィアが、フランク王国から見てもビザンツ帝国から見ても、僻遠の地で中央の力が及びにくかったということである。

このようにして成立したモラヴィア国であるが、強大な国ではなかった。その証拠に、モイミール侯は東フランク王国の干渉によって、間もなく位を追われてしまう。後継者は、親東フランク王国派のロスティスラフ侯（モイミールの甥、在位八四六〜八七〇）であった。親フランク派として権力を握ったロスティスラフ侯だったが、やがて、モラヴィア国の勢力の拡大とともに東フランク王国に対抗し始める。すると、ロスティスラフを侮りがたいと見た東フランク王国も対抗策を打ち出してゆく。こうして、モラヴィア国と東フランク王国の二国間のみならず、ブルガリアやビザンツ帝国などの周辺諸国をも巻き込んだ厳しい国際政治の駆け引きが展開されてゆくこととなる。そしてこのような複雑に緊張した国際情勢が、古代スラヴ語の誕生を強く後押しする要因になってゆくのである。

東フランク王国とビザンツ帝国

古代スラヴ語誕生の契機となる国際情勢の中で、スラヴ人国家モラヴィアに多大な影響を与えたのは、西隣の東フランク王国と当時の世界情勢の中核ビザンツ帝国であった。以下ではこの二国について概観しておく。

まず、東フランク王国はフランク王国を起源とするゲルマン人の国である。そのフランク王国建国の発端は、ゲルマン民族大移動であった。これは、四世紀後半のフン族（中央アジアからの遊牧騎馬民族）の西への来襲で惹き起こされた、ゴート族を始めとするゲルマン民族大移動である。当時のローマ帝国からすれば、ゲルマンの諸族は、ローマ人とは異なる言葉、異なる生活習俗を持つ、蛮族（ラテン語でバルバルス）の代表と考えられていた。従って、ローマ帝国の大原則は、蛮族を帝国の境界外に押し留めることであった。しかし、民族大移動によって、ローマ帝国は蛮族に蹂躙され、四七六年、西ローマ帝国は滅亡した。移動してきたゲルマンの諸族は次々と国を建てたが、このようなゲルマン族の国家の典型がフランク王国（東フランク王国の前身）である。

ゲルマン人は、ローマ人からは蛮族と見下されていたが、ローマ人と接する中でローマ人から多くを学んでいた。すなわち、ゲルマン人は建国と国家運営のノウハウをローマの諸制度から上手に活用したのである。その一例が、キルデリクス（フランク王国の建国者クローヴィスの父親）である。キルデリクスは、ガリア（現在のフランス、ベルギー、イタリア北部など）のローマ軍司令官に協力する立場を採ることで、ガリアの北東部に自らの拠点を得た。そして、キルデリクスは、この領地を息子のクローヴィスに託した。四八一年のことである。

父から領地を受け継いだクローヴィスは、徐々に勢力を拡大して、ライン川やスイス方面まで手中に収めた。さらに彼は、五〇六年、同じゲルマン人の西ゴート族に勝利し、ガリアの覇権を得て、ライン川からトゥールーズにいたる大きな王国を打ち立てた。これがフランク王国である。またクローヴィスは、四九六年、ローマ教会のキリスト教に改宗した。それまでは、ゲルマン族の多くと同様に異端とされるアリウス派を信仰していたのであるが、ローマ教会のキリスト教への改宗によって、彼が征服して支配することになったガリアの人々からの大きな信頼も得て、ガリアの人々との結びつきを強めることになるのであった。このように、クローヴィスの改宗は、彼がローマ人から学んで身につけた政治力の現れの一例でもある。

フランク王国は、バイエルン、プロヴァンス、ザクセン、カタルーニャなども支配下に加えて、ゲルマン人の建国した国では最も長く続く。その後、九世紀の半ば、カール大帝の後継者たちの内紛と、それを終結させたヴェルダン条約（八四三年）により、王国は、中部帝国（後のイタリアの原型）と西フランク王国（後のフランスの原型）、東フランク王国（後のドイツの原型）とに三分割された。ちなみに、東フランク王国の最初の支配者は、ルートヴィヒ二世（在位八四三〜八七六）であった。

次に、ビザンツ帝国について概観しておこう。

ビザンツ帝国は東ローマ帝国とも呼ばれるが、その成立に関しては諸説がある。一般的には、西暦三三〇年をもって、ビザンツ帝国の成立とされる。その理由は、三三〇年にコンスタンティヌス一世がローマ帝国の首都を、ローマから黒海の入り口に位置する都市ビュザンティオンに遷都したからである。なお、コンスタンティヌス一世は、同時に、都市名も自らの名前にちなんでコンスタンティノープルと改名した。これに対して、テオドシウス帝の没年の三九五年、東のアルカディウス帝と西のホノリウス帝の間でローマ帝国が東西に二分されたことをもって、東ローマ帝国すなわちビザンツ帝国の成立と主張する説も根強い。なお、ビザンツ帝国の滅亡時期は、一四五三年のオスマン帝国による首都コンスタンティノープル陥落で研究者の意見は一致している。

さて、首都がローマから遥か東方のコンスタンティノープルに遷都された結果、ローマ帝国内ではシリア、エジプト、アルメニアなど東方地域の出身者の影響力が増大した。そのため、これら東方の人々の共通語であったギリシア語の比重も増すこととなった。実際、ビザンツ帝国における官庁用語はラテン語であったが、早くも四二五年にテオドシウス二世が首都に創設した大学において、ギリシア語がラテン語と同等の扱いを得ることになるのである。こうして、六世紀以降、都市部ではギリシア語、田舎ではシリア語やコプト語（その当時のエジプトの言葉）などの使用が拡大していった。そして、帝国全体の言葉としては、ラテン語の地位が低下し、ギリシア語が卓越してゆくのである。

ロスティスラフ侯の要請

話をモラヴィア国に戻そう。八四六年、親フランク派としてモラヴィアの権力を握ったロスティスラフ侯だったが、やがて、勢力の拡大とともに、東フランク王国の影響力を排除したいと思うようになった。一方、東フランク王国は、このようなロスティスラフの動きを侮りがたいと見てブルガリアへ接近し、ブルガリアと手を結んで、モラヴィア国を挟み撃ちにしようと目論んだ。そして、八六二年、東フランク王ルートヴィヒ二世は、ブルガリアの支配者ボリスと今のウィーンの近くで会見するに及んだ。モラヴィア国のロスティスラフは、ローマ教会に助力を要請していたものの、断られてしまっていた。そこで、このままでは東フランクの影響力が断ち切れないと強く思って、同八六二年、今度はビザンツ帝国に助力を請う決断をするのである。

この八六二年にロスティスラフ侯が、時のビザンツ皇帝ミカエル三世（在位八四二〜八六七）に対して行なった要請とは、われわれの言語で真のキリスト教の信仰を説き明かすべき主教(episcopus)にして教師たる者を派遣してもらいたいというものであった。この申し入れの内容は、聖者伝『コンスタンティノス伝』の中の記述に次のように残されている。「我が民は、異教を捨てて後、キリスト教の掟を守っています。だが、我々は、他の国々がこれを見て我らを見習うような、我々自身の言葉でキリスト教の正しい信仰を説く教師を持ちません。ゆえに陛下よ、主教にして、かつ、このような教師たる者をわれらに派遣して下さい。なぜなら、良き掟は常にあなたがたから出てすべての国々に広まるからです。」

ビザンツ帝国は、この要請を断ることはなかった。この時、ビザンツでは、皇帝はミカエル三世で、コンスタンティノープル総主教がフォティオスであった。元来、ビザンツ帝国は、他国に布教したり、布教を通じて帝国の勢力の拡大を図るような試みには不熱心であった。ところがこの時期には、例外的に積極的な対外政策が用いられたのである。ただし、ビザンツもロスティスラフ侯の要請の全てを受け入れた訳ではない。次節で詳しく述べるが、モラヴィア国の教会は西方教会のフランク教会の管轄下にあった。そこへ、いきなり東方教会の主教（西方教会の司教に相当する）を派遣して、モラヴィア国の教会の管轄を東方に取り込む行動には出られなかった。それゆえに、第一歩として、スラヴ人の言葉でキリスト教を布教できる人物を派遣するに留めたのであった。

モラヴィア国の政策転換――西方教会から東方教会へ

前節で紹介したように、モラヴィア国は、東フランク王国からの影響力を排除したいがために、東方教会からの主教派遣を要請するのである。これがなぜ、親フランクから脱出したいという政策転換に繋がるのだろうか。この点を理解するには、当時のキリスト教と国家・政治の結び付きについて理解しておく必要がある。

そもそもキリスト教は、長い間の迫害を経て、三一三年にローマ帝国から公認され、三九二年にはローマ帝国唯一の国家宗教に定められた。初期の頃は各地のユダヤ人コロニーがキリスト教伝道の拠点とされたので、その後も、都市を中心に教会が増えてゆく。教会の管轄区域はローマ帝国の行政区分に倣ったので、ローマ、コンスタンティノープル、アレクサンドリア、アンティオキア、エルサレムなど有力都市には有力な教会があった。ちなみに、これら五都市の教会は、いわゆるキリスト教の五本山と呼ばれるものである。

その後、ローマ帝国では（使徒ペテロに縁のあるローマ教会は別格として）、新たに首都となったコンスタンティノープルの教会が短期間にその地位を著しく向上させた。すなわち、由緒を誇るローマ教会が西方教会の中心であるとすれば、ビザンツ帝国の首都にあるコンスタンティノープル教会は東方教会の代表となっていったのである。ただし、首都にあるコンスタンティノープル教会は国家との結び付きを強めることになり、ビザンツ帝国と一体化したのである。その一方、帝国の政治的中心地と離れたローマ教会もけっして弱体化した訳ではない。確かに、ビザンツ皇帝の政治権力との間では軋轢が多く、たとえば、南イタリアなどで長く勢力争いを続けたし、また、制度として、ビザンツ帝国内の教会管轄権は皇帝が持っていたので、ローマ教会としては不満を募らせることも多かった。だが、ローマ教会はゲルマン人の諸国家の支配者たちと結び付き、その俗権の支援を得て、ローマ教皇の権威を保とうと努めた。八〇〇年のローマ教皇の手によるカール大帝の西ローマ皇帝としての戴冠は、教皇権をかざしたローマ教会が西方教会の盟主となる象徴的な出来事である。すなわち、ローマ教会においては、教権が俗権に対して優位を確立できたのであった。他方、かつては有力なキリスト教の地域であったエジプト（アレクサンドリア教会で知られた）やシリア（アンティオキア教会を擁した）の地域は、七世紀中頃には、もはやイスラム教圏となってしまっていた。その結果、キリスト教世界でローマ教会は西方教会の代表として、ビザンツのコンスタンティノープル教会は東方教会の代表として、それぞれがキリスト教世界を二分する代表者となってしまったのである。

このような流れの中で、八三〇年に成立したモラヴィア国であるが、モラビア国が成立した地域のスラヴ人は、既に八世紀後半から、西方教会のキリスト教を受け入れていた。その当時は既に、ローマ教会がアドリア海沿岸部の司教区から内陸に向けて布教に努め、現代のクロアチアやハンガリー方面に宣教師を送り込んでいた。他方で、フランク人の教会も、ザルツブルク、パッサウなどの司教区を拠点にして、アイルランドやスコットランドからやって来た熱心な宣教師を派遣して布教に力を込めていた。こうした結果、九世紀前半のモラヴィア地方は西方教会に属するフランク教会の管轄化にあり、国を興したモイミールも次の支配者のロスティスラフも、当然、フランク教会で洗礼を受けていたのである。

ロスティスラフ侯は、従って、東フランク王国の強い影響力から政治的に脱するための第一歩としてフランク教会の影響力を弱めることを考え、自らの国の教会の独立を図るために独自の司教を置くしかないと決心したのである。すなわち、若いモラヴィア国という国を統べつつ、かつ強大な隣国に対抗してゆくためには、まず、自分の国内に司教座を置きたかったというわけである。当時、司教座を置くということは、司教の座する都市という宗教上の機能を果たすのみならず、行政や文化の要が確立できるということも意味していた。このようなことから、ロスティスラフはまずローマ教会に嘆願したのだが、断られてしまった。そこで改めて八六二年にビザンツ帝国に主教の派遣を要請したのであった。

「我々自身の言葉で」とは

さて、ロスティスラフ侯の要請の文言の中には「我々自身の言葉で…」とあったが、この「我々自身の言葉」とは、何を意味しているのだろうか。それは、スラヴ人の言葉という意味である。そもそもキリスト教の世界では、「神は、三つの言語（ヘブライ語、ギリシア語、ラテン語）によってのみ崇拝されるべき」とする考え方が主流であり、また、キリスト教のみならず行政や文化活動などの場では、特にラテン語が中心であった。これはモラヴィア国でも同じであった。既に述べてきたように、モラヴィア国は、八三〇年、フランクの東の辺境に成立して、ポーランド、ハンガリー、オーストリアの一部にも及ぶ地域を領有し、首長も国民もスラヴ人の国であった。そしてモラヴィアの人々は日々の生活では共通スラヴ語を用いていた。ただし、これは話し言葉であり、当時はまだスラヴ語の文字文化は存在していなかった。また、商業や手工芸に携わる人の中にはテオティスク語（フランク語と呼んでも良い。バイエルンの言葉、ザクセンの言葉と共にドイツ語の源になる）も話して、その読み書きまで出来る者がいたことも想像できる。しかし、モラヴィア国においても、行政とキリスト教や文化活動の言語はラテン語であった。

隣のフランク王国でもローマ帝国から引き続いて、行政とキリスト教や文化活動の言語は、ラテン語であった。その理由は、以下のような事情にある。カール大帝は、自国領を拡大する度に征服した様々な異民族を統治せねばならなかった。その際に、新たに服属した異民族が様々な言葉を用いているという自明の現象のみならず、旧ローマ帝国の版図内でさえ、諸地域においてそれまで用いられてきたラテン語が土地の言葉と混ざり合って、新たな言葉が定着するといった事態が生じていた。従って、カール大帝にとっては国の統治においても教会との関係においても、諸地域の言語の差異を超えて威信を有する書き言葉が必須であった。この威信を有する、行政と文化活動の言語として機能してきたのが、ラテン語であったのだ。大帝は、ラテン語の読み書きの能力の高い人材の確保を喫緊の課題として、そのような人材の発掘及び養成に努めた。そして、ラテン語の教育や文字文化の基盤整備を急いだ。カール大帝自身もラテン語を学んでいた。

しかしながら、カール大帝は、同時に、自分たちフランク人の言語の価値も高く認めていた。たとえば、その証拠に、ゲルマン諸族の言葉の古歌謡を集めて書き残すこと等も命じた。さらに、キリスト教の布教に際しても、フランク人の言葉を用いることが出来るように、礼拝書や説教集の翻訳や編集なども行なわせた。そして、このような大帝の振る舞いは、「神は、三つの言語(ヘブライ語、ギリシア語、ラテン語)によってのみ崇拝されるべき」と考える強大な勢力に対抗する、「神は、あらゆる言葉で崇拝されて良い」という考えを抱く人々の支えになった。こうして、八一三年のトゥールの宗教会議では、教会の活動に人々の民衆語の使用が認められたのであった。すなわち、諸地域を超えて威信を有していたラテン語の他に、民衆の日常の言葉もキリスト教の世界で用いることが許されるようになったのである。もちろん、このような重大な事柄が、一本道に進むはずもなく、現に、カール大帝の息子であるルイ一世(敬虔王)は、ラテン語を高く尊び民衆の言葉など見向きもしなかった。

いずれにせよ、キリスト教の世界で、ヘブライ語、ギリシア語、ラテン語の三言語の優越の主張は揺るがないものの、民衆の言葉による伝道活動が公式に認められたことは重要である。また、こういった時代の流れがロスティスラフ侯の後押しをして、侯は、八六二年、「われわれの言語で真のキリスト教の信仰を説き明かすべき主教にして教師たる者を派遣してもらいたい」とビザンツ帝国に要請したのである。この主教(司教)の派遣要請の狙いは、ロスティスラフ侯の本心では、あくまで、強大な隣国に対抗してゆくために自らの国の教会の独立を図ることにあったが、しかし、ここで新たに持ち出された「われわれの言語で真のキリスト教の信仰を説き明かすべき」という要件には注目せねばならない。

この言葉に関する要件が持ち出された理由は、以下の通りである。フランク教会にせよローマ教会にせよ、ラテン語典礼を使用していた。ところが、ロスティスラフ侯が要請を申し入れたビザンツ帝国の教会では、その当時、ギリシア語の典礼を用いていた。おそらくロスティスラフ侯は、まったく見知らぬギリシア語典礼を新たに受け入れるくらいならば、むしろ、この際に自らのスラヴ語による典礼を願い出ることの方が好都合だと考えた。なぜかと言えば、キリスト教布教で用いられる言語は、当然ながら、政治行政や文化全般でも用いられるようになるからであり、自国内にスラヴ語に基づいた行政や文化の中心を確立するという目的達成に繋がるからである。

さらにロスティスラフ侯にとって有利だったことには、「神は、あらゆる言葉で崇拝されて良い」という考えが八一三年のトゥールの宗教会議で是認されていたのであった。ギリシア語でもラテン語でもなく、スラヴ語での布教を願うことに対しては、カール大帝以来のキリスト教布教活動と言葉をめぐる情勢が、ロスティスラフ侯に有利に働いたのである。そして結果として、ビザンツ帝国は（ローマ教会と異なり）ロスティスラフ侯の要請を受け入れたのだった。

もっとも、ビザンツ帝国の側にもロスティスラフ侯の要請を受け入れたのにはそれなりの事情があった。一つにはブルガリアへの対抗措置である。この時、ビザンツ帝国はブルガリアと対立を深めていたので、ブルガリア＝東フランク王国の連携に対抗するために、反東フランク的なモラヴィア国に手を差し伸べたのであった。加えて、東方教会（コンスタンティノープル教会、すなわちビザンツ帝国と言っても良い）と西方教会（ローマ教会とフランク教会）との勢力争いが激化していたことも大きな要因であった。

東方教会と西方教会

長い迫害の後、キリスト教は三一三年にローマ帝国から公認され（コンスタンティヌス一世のミラノ勅令）、テオドシウス一世の勅令（三八〇年）で国教化された。キリスト教徒の数は、四世紀初頭のローマ帝国では人口の十分の一だったと言われる。その後、都市を中心に教会が増えてゆく。教会の管轄区域はローマ帝国の行政区分に倣ったので、ローマ、コンスタンティノープル、アレクサンドリア、アンティオキア、エルサレムなど有力都市には有力な教会があった。

コンスタンティヌス一世の頃、ローマ帝国の勢力の境界線は、ブリテン島の「ハドリアヌスの長城」、ライン川からドナウ川、地中海に沿ったアフリカ北岸、小アジアから地中海東岸（東はパルミュラあたりまでを含む）の紅海あたりまでと考えられていた。その中で、東側のギリシア語圏と西側のラテン語圏の社会的な差異はますます拡大し、三世紀からキリスト教が根付いていた北アフリカ、シリア、小アジアの地域の影響力が、キリスト教の公認後に顕著となった。一方で、三三〇年に新首都となったコンスタンティノープルの教会も短期間にその地位を著しく向上させたが、同時に国家と教会の結び付きを強めることになり、コンスタンティノープル教会とビザンツ帝国とは盛衰を共にすることとなった。

他方、ローマ教会は帝国の政治の中心と離れたがゆえに、教権の俗権に対する優位を確立できた。このローマ教会の教権の確立には、「教皇」の存在が大きい。教皇とは、使徒ペテロに由来するローマ教会の司教の称号であるが、実質的には教皇レオ一世（在位四四〇〜四六一）に始まった。教皇の下での教会と国家の関係は、コンスタンティノープル教会とビザンツ帝国との関係とは異なるものとなった。

三九二年以降、ローマ帝国ではキリスト教以外の信仰は禁止された。しかし、このことは当時のキリスト教が確固とした組織や明快な教義を持っていたことは必ずしも意味しないのである。広い地域に受け入れられたがゆえに、キリスト教は、それぞれの地域での土着の風習（宗教的な面も含めて）を基層として取り込まざるを得なかった。たとえばエジプトやシリアでは、アレクサンドリア、アンティオキアといった都市部ではギリシア語によるヘレニズム文化が根付いていたが、田舎ではコプト語（その当時のエジプトの言葉）やシリア語などの使用が当たり前の土着の伝統が脈々と受け継がれていたので、これらの地での教義の解釈とローマ教会のそれとでは、神学論争に及ぶような違いも生まれた。

また、ローマ帝国の国教となった以上、キリスト教会の内部で争いが起きた場合には、皇帝が介入することとなった。こうして、三八一年のコンスタンティノープル公会議において、教義論争を背景に、アリウス派（「子であるキリスト」が「父である神」に劣り従属すると主張する一派）を異端とした。なお、公会議とは、キリスト教の問題が教会内で解決できなかった場合にローマ帝国によって開催された会議である。ローマ皇帝が各地の教会代表（主教）を召集し、議長もローマ皇帝が務めた。最初の公会議は、コンスタンティノープルの南東約五十キロのニカイア（現トルコ共和国イズニク）で三二五年に開かれた。

ローマ帝国において五世紀中頃、キリストの「人性」と「神性」とをめぐってローマ教会、コンスタンティノープル教会、そしてアレクサンドリア教会の三教会が対立を深めていた。そのため、四五一年、コンスタンティノープルの対岸に位置する交通の要衝カルケドンにおいて、教皇レオ一世の要請でカルケドン公会議が開催され、そして、その場において「カルケドン信条」が作成された。この信条は、キリストに「人性」と「神性」を認め、そして、それは混合も変化も分割も分離もしないものと規定している。この「カルケドン信条」作成は、諸教会間の対立の深さを象徴する出来事となった。単性論派（キリストの「人性」は否定しないが、「神性」こそが単一の本性であると主張する一派）であるエジプトやシリアの教会と、単性論を排して「カルケドン信条」を奉ずるカルケドン派（西方教会とビザンツ教会）とが厳しく対立したのである。

この対立の中で、アレクサンドリアに代表されるエジプトやシリアの地域は、ビザンツ帝国にとって掛け替えの無い重要な基盤であったので、ビザンツ帝国は何度も和解を試みる。早くも四八二年にビザンツ皇帝ゼノンが融和策の勅令を公布した。ところがローマ教会は、このゼノンの勅令が「カルケドン信条」に反すると強く主張した。そして、ローマ教会は、ビザンツ帝国のコンスタンティノープル教会との関係を、一時的だが断交してしまった。四七六年の西ローマ帝国の滅亡によってローマ教会は、はっきりと、ビザンツ帝国とそれに一体化したコンスタンティノープル教会とは別の道を歩みだしていたのだが、この断交により加速され後戻りできない流れとなった。ようやく六八〇年の第六回公会議でこの問題は決着したが、キリスト教圏の内輪揉めの間に、もはや既にエジプトやシリアの地域は、イスラム教圏となってしまっていた。エジプトやシリアの地域を手放したくなかったビザンツ帝国の目論みは失敗に終わったのだった。そして、エジプト、シリアの地域が抜けた後、キリスト教世界は、ローマ教会に代表される西方教会と、ビザンツ帝国とそれに一体化したコンスタンティノープル教会が代表する東方教会に二分され対立を深めてゆく。

西方教会と東方教会は、八世紀の始めから九世紀の半ばまで、イコンをめぐっても激しい対立を深めた。イコンを当然と考える西方教会と、イコンを偶像崇拝として戒める小アジア的な考えが勃興したビザンツ教会との対立である。(注)この過程で、ビザンツ帝国に一体化したコンスタンティノープル教会とローマ教会とが教会管轄権などで熾烈に争った。たとえば、南イタリアなどで長く勢力争いを続けたが、制度として、ビザンツ帝国内の教会管轄権はビザンツ皇帝が持っていたので、ローマ教会としては不満を募らせることも多かった。そのためにローマ教会では、国家と一体化してめきめきと勢力を伸ばしたビザンツ教会に対抗してゆくためにフランク王との結びつきを強くした。そしてそれは八〇〇年のカール大帝の西ローマ皇帝としての戴冠で具体的に示された。

さらに、「フィリオクェ」をめぐっても、東西の教会は対立を深めてゆく。西方教会では、父のみならず、「子からも」(ラテン語で、フィリオクェ)聖霊が発出すると考えていた。長い経緯がある問題ゆえ、ローマ教会はビザンツ側との全面対決は避けたいと思っていたが、新興のフランク教会では「フィリオクェ」を認めるように強く求めた。そして、急速な勢力伸張を示したフランク教会の主張が西方教会の主導権を握りつつあった。

このようにして、ビザンツ帝国の政治機構に組み込まれてしまったコンスタンティノープル教会に代表される東方教会と、教皇権の確立を目指すローマ教会の間の東西の教会の立場の違いが大きくなってゆき、ついに一〇五四年、東西の教会は分離してしまった。そして、この分離が生じたことが、その後のビザンツ帝国・コンスタンティノープル教会の衰退と西方教会の発展の第一歩となったのである。

（注）イコンとは「聖像」と和訳されているが、キリストや聖人たちを板などに描いた画像である。この聖画像が教会や個人の家々でも掲げられて崇敬されていた。これをめぐり、ビザンツ帝国の歴史上で特筆すべき出来事、すなわち、イコノクラスム（聖像破壊運動）が勃発したのだった。きっかけは聖画像の崇敬・礼拝に対する疑念や反発であったが、出来事の背景には当時の政治や軍事の情勢も大きな要因として存在していた。

イコノクラスムは、七二六年〜七八七年、八一三年〜八四三年の二波にわたり、特に首都コンスタンティノープルとそれより東側で大きな影響があった。聖像破壊派は、皇帝レオン三世、コンスタンティノス五世、レオン五世、ミカエル二世、テオフィロス一世、総主教ヨハネス（ヨハネス・グラマティコス）などであった。他方、聖像擁護派は、女帝イレーネ（レオン四世の未亡人）、皇后テオドラ（テオフィロス一世の未亡人）などであった。皇后テオドラの主導で開かれた八四三年の公会議で、この抗争は擁護派の勝利で終結した（「正教の勝利」と呼ばれる）。その後は、イコンの崇敬が脅かされることはなかった。だが、この抗争の過程で、ビザンツ帝国・コンスタンティノープル教会とローマ教会との亀裂がますます鮮明になったのである。

第二章　古代スラヴ語誕生

スラヴ人の言葉でキリスト教を布教できる人物

第一章でみたように、モラヴィア国の勢力を拡大したロスティスラフ侯は、八六二年、ビザンツ皇帝ミカエル三世に対して、われわれの言語（つまりスラヴ語）でキリスト教の信仰を説き明かすべき主教にして教師たる者を派遣してもらいたいと要請した。これに対し、ビザンツ帝国はモラヴィア国の要請を部分的に受け入れ、翌八六三年、まずはスラヴ人の言葉でキリスト教を布教できる人物を派遣したのであった。そして、この人物こそが古代スラヴ語を生み出してゆくのである。

派遣する人物の人選に際して、皇帝ミカエル三世の念頭にあったことは、キリスト教の布教にあたっての充分な力量、スラヴ人の言葉に通じていること、伝道を取り仕切る実務的な能力などに違いない。皇帝とコンスタンティノープル総主教フォティオスが選び出したのが、コンスタンティノスとその兄のメトディオスであった。そして、このギリシア人兄弟は、上の三つの条件の全てを申し分なく満たしていたのであった。

この兄弟は、スラヴ人たちに対するキリスト教の伝道ゆえに「スラヴ人たちの使徒」（Slavic Apostles）という呼び名でも広く知られている。彼らの成し遂げた仕事に関しては、兄弟の死後、弟子たちが著した聖者伝（『コンスタンティノス伝』、『メトディオス伝』）の記述から、かなり詳しく知ることが出来る。次節では、これらの聖者伝を踏まえて、八六二年までの（すなわちモラヴィアへ派遣される以前の）兄弟の経歴を見ておくことにする。

八六二年までのメトディオスとコンスタンティノスの経歴

この兄弟は、ビザンツ帝国第二の都市テッサロニケの出身で、兄メトディオスは八一五年に、弟コンスタンティノスは八二六年（八二七年とも）に生まれた。両親ともにそれと知られた名門の出のギリシア人で、父はビザンツ帝国の高官だとされる。テッサロニケがあるマケドニア地方へは、七世紀以来、大勢のスラヴ人が進出し、テッサロニケの周囲にも多くのスラヴ人が住み暮らしていた。テッサロニケという都市は、まるで、スラヴ人の海に浮かぶ小島のような存在であった。したがって、このギリシア人の兄弟も、幼時からこの土地のスラヴ人の言葉に親しんでいたことは確実で、このことも皇帝が二人を選び出した大きな理由の一つである。実際、『メトディオス伝』によれば、「あなた方二人はテッサロニケの人で、テッサロニケの人は皆、正しいスラヴ語を話すではないか」と皇帝が述べたという。ごく一部の研究者は、この兄弟はスラヴ人だったと主張するが、先の皇帝の言葉からも、兄弟はスラヴ人ではなくギリシア人であると考えることが妥当である。なぜなら、もし彼らがスラヴ語を母語とするなら、「正しい○○語を話す」という言い方は褒め言葉にはならないからだ。

兄メトディオスは幼時よりその聡明さが世間に知れ渡っていた。三十歳前に彼は、ビザンツ皇帝の命によりスラヴ人の州の長官に任命された。それは、メトディオスがスラヴ人のあらゆる習俗を学ぶためであった。『メトディオス伝』の作者は、「わたしに言わせれば、彼を後に教師としてスラヴ人の許へ派遣するであろうことの予見であった」という趣旨の記事を残している。メトディオスはその職を十年余りにわたって務めたが、政治情勢の変化もあり、八五五年頃、官界を去る。そして彼は、オリュンポス修道院（現在のトルコ、マルマラ海沿いの都市ブルサ南東にあった、ビザンツの有力な修道院）で修道士となった。

一方、弟のコンスタンティノスも秀才の誉れ高く、首都の大学で高名な学者であったフォティオス（後にコンスタンティノープル総主教に就任する）の指導下で哲学を研究した。卒業後は総主教座秘書官などとして教会で働き、その後、若くして母校の哲学の教授となり、世間からは「フィロソーフ（哲人）」の称号で知られていた。彼もまた、兄が巻き込まれた同じ政治情勢の変化で、八五六年、教授職を離れ、オリュンポス修道院の兄の許に身を寄せた。

しかし、兄弟が長く埋もれていることはなかった。三年もしない内に、兄弟はビザンツ皇帝の命により、ハザール人（この当時はユダヤ教徒であった）の許に派遣されて、キリスト教を説くことになった。ハザール人からビザンツ皇帝に対して、「あなた方から学識ある人物の派遣を懇請する。もし彼がヘブライ人とサラセン人とを論破したなら、あなた方の信仰を受け入れる」という旨の申し入れがあったからである。そしてこの派遣において、メトディオスは祈りにより、弟のコンスタンティノスは言葉によって、ハザール人を打ち負かし、恥じ入らせた。その際に、コンスタンティノスは、ヘブライ語を始め、諸外国語に関する比類なき才能を示したことも伝えられている。

このような二人の経歴を見ると、メトディオスとコンスタンティノスの兄弟が、モラヴィア国への派遣の最適任者として選ばれたのも当然であろう。

ギリシア人兄弟による古代スラヴ語の構築

ビザンツ帝国からモラヴィア国に派遣されることとなったメトディオスとコンスタンティノスの兄弟は、早速、布教の準備に取り掛かり、古代スラヴ語の構築がここに開始されたと考えられる。前述の聖者伝『コンスタンティノス伝』、『メトディオス伝』によれば、古代スラヴ語が作られてゆくまでの大まかな流れは次のようなものだ。

まずコンスタンティノスは、スラヴ人が文字を持っていないことを皇帝から聞き、一旦は派遣要請を固辞していた。しかし、皇帝から「神のご意志なのでは」と諭され、兄のメトディオスと共に、この極めて困難な使命を引き受けた。

かくしてモラヴィア行きの決定後、兄弟二人は、彼らと志を同じくする他の人々と共に、一心に祈りを捧げた。すると、神はコンスタンティノスにスラヴ語の文字を啓示された。それを受けて、彼は直ちに文字を作り、「はじめにことばがあった…」とヨハネ福音書の冒頭を訳し始めた。

以上が『コンスタンティノス伝』での記述の要約であるが、ここにおいて古代スラヴ語が誕生したということになる。

この聖者伝の記述の歴史的な事実としての信憑性は定かではない。しかし、重要なのはそこに以下のような特に注目すべき点、検討すべき点が含まれていることである。

（一）当時のスラヴ人は、みずからの文字体系を持っていなかった。
（二）コンスタンティノスが最初にスラヴ語に訳出したのはヨハネ福音書の冒頭部分であった。
（三）モラヴィア行きの決定後、コンスタンティノスが直ちに文字を作った。

まず、（一）についてだが、コンスタンティノス以前にスラヴの文字が存在しなかったことに関しては、これを裏付ける資料がある。たとえば、皇帝ミカエル三世は「私の祖父も父も、その他の多くの人々も、スラヴ人の文字を捜し求めていたが、見出すことが出来なかったのだ。いったいどうやって、私が見出せるのか」と語っている（『コンスタンティノス伝』）。さらに、九世紀末に学僧フラブルによって著された『文字について』にも、コンスタンティノス以前にはスラヴの文字が存在しなかった旨の言及がある。

とは言え、キリスト教の広がりや、ビザンツ帝国、フランク王国との経済的・社会的結び付きの深まり中で、個々のスラヴ人が、自分流に、ギリシア文字や、あるいはローマ字で、スラヴの言葉を書き記すことが皆無だったとは断言は出来ない。しかし、仮にそのような事例が存在したとしても、それは、あくまで「その場限り」的な個人的な使用であり、明確な体系を持った文字使用ではない。もちろん、そのような写本類も現存してはいないのである。仮に、スラヴ社会発展の中で初めて文字が使われるとしたら、それはどのような場合だろうか。たとえば、交易に携わるような人が「商品発注のメモ」的な文書を書き記すようなことも想像できる。だが、そのような場合には、スラヴ人の商人はスラヴ語で書くよりも、むしろ、より経済の発展した地域で用いられているラテン語やギリシア語やフランク人の言葉なりを習得して、それらの言葉を用いて文書を書き記すと考える方が、はるかに蓋然性が高い。以上のようなことから、当時のスラヴ人がみずからの文字体系を持っていなかったということは受け入れられる。

次に、(二)の福音書の問題がなぜ注目に値するのかという点を説明しよう。今日では、福音書とは、新約聖書の冒頭に配されている四つの文書、すなわちマタイ福音書、マルコ福音書、ルカ福音書、ヨハネ福音書を指すものと理解されている。しかし、コンスタンティノスが最初にスラヴ語に訳出したのは、マタイ福音書ではなく、ヨハネ福音書の冒頭部分であった。このことは、兄弟がどの聖典を翻訳しようとしていたかを示す重要なヒントとなる。すなわち、新約聖書で最初に配置されているマタイ福音書ではなく、ヨハネ福音書から訳し始めたということから、兄弟が最初に訳そうとしたキリスト教の聖典は、新約聖書ではないということが分かるのである。実際、当時は「初めに言《ことば》があった。……」というヨハネ福音書の冒頭部分の文言から始まる教会文書が広く用いられていた。それは、アプラコス(gospel lectionary)と呼ばれる典礼用福音書抜粋集である。アプラコスとは、土曜日や日曜日や祝日に教会で朗読されるべき章句を福音書から抜粋して教会暦によって配列したものであり、第一番目には、ヨハネ福音書冒頭の章句が配置されることになっていた。兄弟がヨハネ福音書の冒頭部分をまず訳したということは、すなわち、アプラコスを古代スラヴ語へ翻訳しようとしていたと考えられるのである。

もし、兄弟がマタイ福音書から始まる四福音書（いわゆるテトラエヴァンゲリウム、略してテトラ）ではなく、アプラコスを最初に翻訳したのだとすれば、彼らがモラヴィア国での一刻も早い布教の開始を見据えていたことも読み取れる。なぜなら、アプラコスは、教会での礼拝に欠かせぬ実用性を有していたからである。

最後に（三）の文字の考案について考えてみよう。「モラビア行きの決定後、コンスタンティノスが直ちに文字を作り」とする聖者伝の記述には、いささか誇張があるだろう。そもそもコンスタンティノスの考案した文字体系もスラヴ語翻訳に用いられた言葉遣いも、どちらも近代のスラヴ研究者たちが賞賛を惜しまないきわめて水準の高いものと言える。従って、たとえ彼の天才をもってしても、出発直前の短期間でこれらの体系を完成させることは不可能であろう。おそらくコンスタンティノスはモラヴィアへの出発が決まった八六二年より以前から、何らかの理由で、兄メトディオスやスラヴ人の弟子たちと協力して、かなりの時間をかけて、文字体系をある程度の形に仕上げていたものと考えざるを得ない。メトディオスには、若くして官界に入り、スラヴ人のあらゆる習俗を学ぶために、スラヴ人の州の知事に十年あまり任ぜられたという経歴もある。モラヴィア行きの話が出る前から、兄弟の周辺で、スラヴ文字の考案や布教に必要な文書類の翻訳が試みられていたことも充分に考えられるのである。

いずれにせよ、聖者伝の記述に従えば、コンスタンティノスが文字を作りヨハネ福音書の冒頭部分を訳し始めた時に、古代スラヴ語が誕生したということになるのである。もっとも、古代スラヴ語が生まれる以前にも、スラヴ人には共通の言語は存在していたと考えられており、その言葉を「共通スラヴ語」と呼んでいる。ただし、共通スラヴ語時代には、スラヴ文字は存在せず文献も残っていないのである。これに対し、古代スラヴ語は文字を持つ言葉として作り出され、キリスト教布教のための言葉として権威付けされ、規範的性格を持つ書き言葉としてスラヴ人の間に定着してゆくのである。

メトディオスとコンスタンティノス兄弟によって古代スラヴ語が構築されたことで、それまで文字というものを持たなかったスラヴ人は、スラヴ語によく適合した文字体系と、加えて、抽象概念の伝達のための語彙や構文法にも工夫を凝らした文章語を手に入れることになる。

スラヴ語初の文字（グラゴール文字）の考案

前述したようにコンスタンティノスは、それまで文字というものが存在しなかったスラヴ語をうまく書き表すために、独自の文字体系を考案した。この文字をグラゴール文字と呼ぶ。グラゴールとは、スラヴ人の言葉で「言葉」という意味である。（グラゴール文字の一覧表。四三頁）

彼がどのようにしてこの文字を生み出したのかは、解明しつくせない問題として残り続ける。独創的なデザインの源泉も未解明である。とは言え、コンスタンティノスは、ビザンツの図書館に籠もって、あちらこちらの文字を持つ言葉から好みのデザインを好き勝手に恣意的に集めた訳ではない。おそらくは、グラゴール文字の根底には、彼の言語能力の根源にあったギリシア語が基層として横たわり、その上に、多くの言語に通じていた彼の音声学的、音韻論的観察、そして、スラヴ語への適用という意図が作用しあって、このスラヴ人のための最初の文字が誕生したと想像されるのである。

ギリシア語とグラゴール文字との関係について言えば、グラゴール文字は、一見すると独創的で奇異なデザインの文字に見えるが、その根底には九世紀のミヌスクラ体のギリシア文字があることを多くの研究者が指摘している。しかし、ただ単にギリシア文字を借りてきてスラヴ語を表すということは出来ないのである。その理由の一例として、スラヴの言葉が持つローマ字で言えばbの音が九世紀頃のギリシア語には無かったことが挙げられる。すなわち、当時のギリシア語にはbの音が無いのだから、それを表す文字も存在しない。その頃、ギリシア文字の始めの方に出てくる文字βが伝える音は、実は、ローマ字のvの音だったのだ。こうして、スラヴ語のbの音を表せるギリシア文字は無かったので、スラヴ文字を考案する際には、特別な工夫が必要であった。

コンスタンティノスは、このような多くの困難を克服して、スラヴ語を書き表すことによく適合した文字体系グラゴール文字を考案したのだった。

グラゴール文字一覧

文字の形	音価	数価	文字の形	音価	数価
Ⰰ	a	1	Ⱅ	t	300
Ⰱ	b	2	Ⱆ	u	400
Ⰲ	v	3	Ⱇ, φ	f	500
Ⰳ	g	4	Ⱈ	kh	600
Ⰴ	d	5	Ⱉ	o	700
Ⰵ	e	6	Ⱋ	sht	800
Ⰶ	zh	7	Ⱌ	ts	900
Ⰷ	dz	8	Ⱍ	ch	1000
Ⰸ	z	9	Ⱎ	sh	
Ⰹ, Ⰺ	i	10	Ⱏ	ŭ	
Ⰻ	i	20	ⰟⰋ, ⰟⰉ, ⰟⰊ	y	
Ⰼ	g’	30	Ⱐ	ĭ	
Ⰽ	k	40	Ⱑ	ě	(800?)
Ⰾ	l	50	Ⱓ	ju	
Ⰿ	m	60	Ⱔ	ę	
Ⱀ	n	70	Ⱘ	ǫ	
Ⱁ	o	80	Ⱗ	ję	
Ⱂ	p	90	Ⱙ	jǫ	
Ⱃ	r	100	Ⱚ	th	(500)
Ⱄ	s	200	Ⱛ	ü	(400)

グラゴール文字は数を表す場合にも用いられた。

「スラヴ人たちの使徒」の基本資料

「スラヴ人たちの使徒」をめぐる基本資料としては、以下のように古代スラヴ語で記されたもの、ラテン語で記されたもの、ギリシア語で記されたものが知られている。

（一）『コンスタンティノス伝』（古代スラヴ語で記されたもの）

ローマで病に倒れたコンスタンティノスは、亡くなる五十日前に修道士となってキュリロス、ブルガリア語やロシア語風に言えばキリルと名乗り、八六九年、そのままローマで客死した。その死後に弟子たちが著したとされている聖者伝である。兄のメトディオスを作者と考える説もあるが、確かな証拠はない。いずれにせよ、オリジナルはギリシア語で書かれ、それが古代スラヴ語に翻訳されたと考えるのが定説となっている。

この聖者伝は、コンスタンティノスの生い立ちに始まり、ハザール人の許への派遣など業績の叙述が続き、そして中心テーマであるモラヴィアやローマでの活躍が詳しく記述され、最後にどのように葬られたか、そして、その後の奇跡への言及で締めくくられている。なお、この古代スラヴ語版『コンスタンティノス伝』と（三）の『メトディオス伝』は併せて「パンノニア伝説」と呼び慣わされている。

ギリシア語であれスラヴ語であれ、『コンスタンティノス伝』のオリジナルは現存せず、十五世紀以降の中世スラヴ語の写本が五十点足らず伝わっている（詳細は、下記参照。木村彰一、岩井憲幸『コンスタンティノス一代記：訳ならびに注（1）』"Vita Constantini" Translation with Commentary（I）、スラヴ研究、31、一九八四年。木村彰一、岩井憲幸『コンスタンティノス一代記：訳ならびに注（2）』"Vita Constantini" Translation with Commentary（II）、スラヴ研究、32、一九八五年）。

（二）『コンスタンティノス伝』（ラテン語で記されたもの *Vita cum translatione S. Clementis*）

そもそも兄弟がローマ教会で歓迎されたのは、「スラヴ人たちの使徒」とは関係の無い別の大きな理由があった。それは、兄弟が聖クレメンスの遺骨をローマにもたらしたからということであった。兄弟はモラヴィアに派遣される前に、ビザンツ皇帝の命により、ハザール人の許に派遣されて、キリスト教を説いたことがあった。その旅の途中、クリミア半島の近くで初期の教父クレメンスの遺骨を発見したと伝えられている。兄弟がローマに到着した時に、その聖クレメンスの遺骨を携えて来たのであった。

そうしたこともあって、ローマを訪れ滞在した際に、コンスタンティノスの活動の経緯がラテン語でも著されたのであった。このラテン語での記録は、コンスタンティノスと親交があったアナスタシウス（Anastasius, the papal librarian）がまとめて、それを踏まえてさらに、八八〇年にメトディオスがローマにもたらした『コンスタンティノス伝』をもとにして、司教ガウデリック（Gauderich of Velletri）が著した。司教ガウデリックは、兄弟が連れて来た弟子のスラヴ人のローマでの叙階に立ち会ったことでも知られている。

「イタリア伝説」と呼び慣わされているこの記録の焦点は、聖クレメンスの遺骨がローマにもたらされたことにあり、コンスタンティノスの伝記としてはかなり簡略なものとなっている（詳細は下記参照。Fr. Grivec et Fr. Tomšič, *Constantinus et Methodius Thessalonicenses. Fontes*（Radovi Staroslavenskog Instituta, Knj.4）, Zagreb 1960.）。

（三）『メトディオス伝』（古代スラヴ語で記されたもの）

メトディオスをよく知る弟子（オフリドのクリメントかゴラズドが有力な候補）が作者だと考えられている。これも、オリジナルはギリシア語で書かれ、それが古代スラヴ語に翻訳されたと考えるのが定説となっている。

慈悲深い全能の神による天地創造から（メトディオスの時代より二百年ほど前の）ほぼ同時代までの人類の歴史を説くことから始まる、典型からやや外れたこの聖者伝は、メトディオスの生い立ちや業績を叙述し、そして中心テーマであるモラヴィアやパンノニア、ローマでの活躍を述べた後、死期を悟ったメトディオスが後継者の弟子の名を挙げる場面などを経て、メトディオスの死と埋葬と最後にメトディオスに捧げる祈りで結ばれる。

『メトディオス伝』に関しても、ギリシア語であれスラヴ語であれオリジナルは現存せず、十二世紀以降のスラヴ語写本が十点余り現存するだけである（詳細は、下記参照。木村彰一、岩井憲幸『メトディオス一代記：訳ならびに注』"Vita Methodii" Translation with Commentary、スラヴ研究、33、一九八六年）。

（四）『オフリドのクリメント伝』（ギリシア語で記されたもの）

メトディオス、コンスタンティノス兄弟の高弟の一人であったオフリドのクリメント（第五章を参照）の伝記である。原典は、十一世紀末か十二世紀初頭に、ビザンツ帝国から赴任したオフリド大主教テオフィラクトによってギリシア語で著された。その後に翻訳された中世スラヴ語訳によっても伝えられているが、スラヴ語版で現存する最古の写本は十四世紀か十五世紀のものでロシアで保管されている。ギリシア語版は**PG**（*Patrologia Graeca*）一二六巻に掲載されている。『オフリドのクリメント伝』は、「ブルガリア伝説」と呼び慣わされている。

（五）『文字について』（古代スラヴ語で記されたもの）

ブルガリアの学僧フラブル（第五章を参照）の『文字について』も重要である。その中には、以下のような注目すべき記述が残されている。

「キリスト教徒になる以前のスラヴ人たちは文字を持たなかった。（メトディオス、コンスタンティノス兄弟によるグラゴール文字制定の以前にも）キリスト教を受け入れたスラヴ人たちは、ギリシア文字あるいはラテン文字を用いて、スラヴ人の言葉を書き表すことを試みたが、彼らは言語の構造を考えることをしなかったので、どの試みも首尾よくゆかなかった。」

『文字について』の原典は九世紀末か十世紀初頭に書かれたが、現存するのは、十四世紀以降の七十点余りの写本だけである。

第三章　モラヴィア国における古代スラヴ語の盛衰

「スラヴ人たちの使徒」――メトディオスとコンスタンティノス兄弟の活躍

前述のようにモラヴィア国ロスティスラフ侯は、八六二年、ビザンツ皇帝ミカエル三世に対して、スラヴ人の言語でキリスト教の信仰を説き明かすべき主教にして教師たる者を派遣してもらいたいと要請する。これに対しビザンツ皇帝ミカエル三世は、主教派遣こそ見合わせたものの、この大任を果たすべき教師としてコンスタンティノスとその兄のメトディオスを派遣することにしたのだった。そして兄弟は、スラヴ人の言葉によく適合した、スラヴ人にとって最初の文字体系であるグラゴール文字を考案し、その上で、アプラコスと呼ばれる典礼用福音書抜粋集をスラヴ語に翻訳するなどの準備を整え、モラヴィアに出発するのである。この章では、ビザンツ帝国のコンスタンティノスとその兄メトディオスがモラヴィア国からの要請により構築した古代スラヴ語が、モラヴィア国でどのような運命を辿ったかについて、見てゆきたい。

聖者伝の記録によると兄弟は、八六三年の早春、スラヴ人の弟子たちも連れて陸路でビザンツを出発して、秋にモラヴィア国に到着した。モラヴィア国では四十ヶ月の滞在をした。この間に、兄弟は詩篇、福音書、使徒の書簡、さらに、使徒行伝の典礼用抜粋集などを古代スラヴ語に翻訳する。また兄弟は、この古代スラヴ語訳の諸テクストを基にして弟子の養成も行なった。西方教会の管轄下にあったモラヴィアで、ビザンツ帝国（=東方教会）から派遣された兄弟が、しかもスラヴ語で、キリスト教布教を開始したのだった。

モラヴィアは当時、西方教会に属するパッサウ司教区の管轄下にあったが、その西方教会で大きな政治力を持っていたのが東フランク王国であった。そのためにモラヴィアではフランク教会やフランク人聖職者の影響力が大きかった。そうした中で、コンスタンティノスがモラヴィアの教会にスラヴ語典礼を導入すると、フランク人聖職者は大いに驚いた。というのは、西方教会、特に、アイルランドやスコットランドからやって来た熱心な宣教師を擁するフランク教会では、神について語るべき言葉は、ヘブライ語、ラテン語、ギリシア語の三言語と限り、この三言語を神聖視することが一般的であったからだ。八一三年のトゥールの教会会議で、教会の活動にも民衆の日常の言葉を使用することが認められてはいたのだが、実相としては、民衆の言葉が使用されるのは、伝道における実際的な場面での説明においてのみと想定されていたようだ。それゆえ、フランク教会では、教会内の活動にスラヴ語の典礼を導入したこの兄弟の活動に対して驚きばかりではなく、反発も感じていた。

一方で兄弟は、自分たちの後継者の確保にも乗り出した。そして、八六六年の終わり頃、コンスタンティノスと兄メトディオスは、スラヴ人の弟子たちを聖職者として任命（叙階）して貰うために、モラヴィアを出発する。叙階のために目指した先が、東方のコンスタンティノープルであったのか、あるいは、西方のローマであったのかは、現在も不明のままであるが、兄弟たちは、まず、経由地としてヴェネツィアに向かったことが知られている。

兄弟たち一行は、ヴェネツィアへの道すがら、パンノニア（現在のハンガリーあたり）に立ち寄り、首長のコツェル侯（在位八六一頃〜八七六頃）から歓待された。その際、侯は兄弟に五十人の民を弟子として託した。当時、パンノニアはザルツブルク大司教区の管轄であったはずだが、スラヴ人であったコツェル侯は、コンスタンティノスと兄メトディオスの兄弟が推し進めていたスラヴ語典礼の普及に肩入れをしたのだった。

ヴェネツィアに滞在中、兄弟はローマ教皇ニコラウス一世（在位八五八〜八六七）から正式な招待を受け、八六七年の年末、ローマに到着する。実はその時には、兄弟を招待したニコラウス一世は、既に没していたのだが、後継者のハドリアヌス二世（在位八六七〜八七二）が兄弟を歓迎し、さらに二人の希望を全てかなえてくれた。すなわちローマ教皇ハドリアヌス二世は、スラヴ語の典礼を許可した上に、自らの手でメトディオスを司祭に叙階し、スラヴ人の弟子三人も司祭に叙階するのである。このように、ハドリアヌス二世の援助によって、兄弟に課せられた後継者養成という目的も達成された。スラヴ人後継者が育ちスラヴ語典礼が定着すれば、「自らの国の教会の独立を図ることで自国内に行政や文化の中心を確立出来れば、強大な隣国に対抗することが可能になる」という、そもそものロスティスラフ侯の願いも成就したかに見えた。

このような中でコンスタンティノスは病に倒れ、八六九年にローマで客死してしまう。亡くなったのは二月十四日とされる。ちなみに彼は、亡くなる五十日前に修道士となってキュリロス（ブルガリア語やロシア語風に言えば、キリル）と名乗っていた。そのため、彼はこのキュリロス（キリル）の名前で呼ばれる場合も多い。

コンスタンティノスが亡くなって間もなく、兄のメトディオスは、ローマ教皇ハドリアヌス二世の特使という資格で、パンノニアに出向く。これは、パンノニアのコツェル侯がローマ教皇ハドリアヌス二世に出していた要請に応じるための派遣で、メトディオスはローマ教皇によるスラヴ語典礼の許可を伝える手紙を携えていた。この教皇からの書簡はコツェル侯、さらに、モラヴィア国のロスティスラフ侯とその甥のスヴァトプルクに宛てたもので、スラヴ語典礼の使用許可を再確認するものであるという点で大変に重要なものである。ただし、それには条件が付けられていた。福音書と使徒書簡を最初はラテン語で朗読して、次いでスラヴの言葉で朗読するならば、スラヴ語典礼を使用しても良いという内容であった。パンノニアから一旦ローマに戻ったメトディオスは、シルミウム（現在のセルビア共和国のスレムスカ・ミトロヴィッァ）の大司教に叙階されて、改めてパンノニアへ向かった。このシルミウム大司教区の管轄地域には、パンノニアだけではなく、モラヴィアも含まれていた。こうして、モラヴィアを含むシルミウム大司教区の範囲において、スラヴ語典礼の使用が認められたのである。

このように、ビザンツ帝国のコンスタンティノスとその兄メトディオスは、兄弟二人で創出した古代スラヴ語を駆使して聖典類をスラヴ人の言葉に翻訳し、さらには、スラヴ人の弟子たちを聖職に就くまでに育て上げた。八六二年のモラヴィア国からの要請に端を発した、「スラヴ人たちの使徒」とも呼ばれる兄弟によるモラヴィア国での活動は、八六九年のコンスタンティノスのローマ客死をも乗り越えて、成功を収めたように見えた。しかし、次項で見るように、スラヴ語典礼を実際に教会で使うことについては、反発や抵抗が依然として根強かった。また、政治情勢の複雑さも不安要素であった。

スラヴ語典礼への逆風

前項で述べたように、兄メトディオスはシルミウム大司教となり、その管轄地域には、モラヴィア国も含まれていた。ところが、八七〇年、そのモラヴィア国は東フランク王国に攻められて政治情勢が一変する。ロスティスラフ侯は位を追われて、甥のスヴァトプルク（在位八七一〜八九四）が後継者になるのだが、彼はかねてから東フランク王国寄りの立場だったのである。かくして、同年、モラヴィア入りしたメトディオスは、かねてよりメトディオスに反感を抱いていたフランク人聖職者たちに捕らえられてしまう。さらには、今日のドイツ南西部奥地にある修道院に三年半にわたり幽閉されてしまった。そして八七三年春、教皇ヨハネス八世（在位八七二〜八八二）の熱心な抗議活動でようやく解放されたのだった。

解放されたメトディオスは、スラヴ語典礼への逆風が吹く中でも、モラヴィアに留まる。それは、モラヴィアでは多くのスラヴ人がスラヴ語典礼を望んでいたからだと言われている。しかしながら当時は、どのような教会に従い、どのような典礼を受け入れるかは政治的な問題と直結しており、民衆の動向よりも支配者層の意向の方が重要であった。結局、スヴァトプルク侯の意向次第なのであるが、侯はニトラ（今日のスロヴァキア西部の都市）の属司教だったフランク人ヴィーヒングから強く影響されつつも、最初の間は、メトディオスの活動を黙認してくれた。そしてこのことが、スラヴ語の典礼を導入しようとしているメトディオスには救いとなった。

また、モラヴィア国に侵攻してロスティスラフ侯を廃した東フランク王国のルートヴィヒ二世も内政に忙しく、しばらくはモラヴィアへの目配りは厳しくはなかった。しかし、東フランク王国の動向に左右される形で、ローマ教皇のスラヴ語典礼に対する態度も、徐々に変わる。西方教会の典礼で使われる言葉はあくまでラテン語であり、そこにスラヴ語典礼を使用することは容易には許容されなかった。歴代のローマ教皇の中ではハドリアヌス二世が最もスラヴ語典礼に理解を示した。その場合でさえ、スラヴ語典礼への許可は、福音書と使徒書簡を最初はラテン語で、次いで、スラヴの言葉で朗読するという条件付であったのだ。続くヨハネス八世は、やや厳しくなり、サクラメント（秘跡）のような重要な儀式などにおいては、スラヴ語典礼の使用は許可しないことを明確に示している（八七九年のメトディオスへの書簡）。その後のステファヌス五世（六世と呼ぶこともある）（在位八八五〜八九二）は、当初は同様の立場だったが、メトディオスの死後、明確にフランク人聖職者の側に立ち、スラヴ語典礼の使用を禁止した。ちなみに、ローマ教皇ヨハネス八世時代、反スラヴ語典礼派は、東フランク王国ルートヴィヒ二世、その息子カールマン、ザルツブルク大司教アダルウィン、パッサウ司教ヘルマンリッヒ、フライジング司教アンノといった面々で、彼らがメトディオスの活動を執拗に妨害するのであった。

メトディオスは、このような困難にもくじけずにスラヴ語典礼の普及に努めていた。前述したようにローマ教皇ヨハネス八世は東フランク王国やフランク人聖職者たちからの圧力を受けて、八七九年のメトディオスへの書簡で、サクラメント（秘跡）のような重要な儀式などにおいては、スラヴ語典礼は許可しないことを明確に示していた。このような状況を打開するためにメトディオスはローマ（八八〇年）やコンスタンティノープル（八八一年〜八八二年）へと赴いたりもした。

だが、事態の改善は見られず、晩年は、教会文書の古代スラヴ語への翻訳に傾注してゆく。そして二人の弟子と共に、マカベア書を除く全ての旧約聖書を翻訳し、また、教会関係法令集や教父たちの著作も翻訳した。実際のところ、メトディオスたちは反スラヴ語勢力に対して守りを固めることしか出来ないような不利な状況に追い込まれていて、教会関連文書を古代スラヴ語へ翻訳するのが精一杯であった。

さらに八八五年四月六日、メトディオスが亡くなると、モラヴィアとパンノニアにおける彼ら兄弟の事業は、文字通り、瓦解してゆくことになる。というのも、ローマ教皇ステファヌス五世は、メトディオスの死後直ちに、メトディオスの弟子を異端とする旨のニトラの属司教ヴィーヒング（フランク人）の主張を認めて、スラヴ語典礼を公に禁止してしまったのである。その結果、メトディオスの主だった弟子たちは投獄されたり国外に追放されたりし、さらに、二百人近くの弟子がフランク人によって奴隷商人に売られてしまったのである。

「スラヴ人たちの使徒」に対するローマ教会の思惑

以上に見てきたように、「スラヴ人たちの使徒」という事業は、モラヴィア国の政治的独立を確保するためにモラヴィア独自の教会を確立したいというロスティスラフ侯の意図に端を発し、コンスタンティノスと兄メトディオスが始めた事業だったが、結局、最後まで当時のキリスト教と政治をめぐる情勢に振り回され続けることになる。なかでもローマ教会の態度は兄弟の事業を左右する大きな影響力を持っていた。ラテン語を重んじる同じ西方教会に属しつつ、フランク教会は一貫して反スラヴ語の立場から兄弟の活動を邪魔してきたのに対して、ローマ教会は必ずしも邪魔立てをするわけでもなく、援助をするようなこともあった。このフランク教会とローマ教会の、それぞれの立場や思惑の違いはなぜなのかを、以下で考えたい。

モラヴィア国のロスティスラフ侯は東フランク王国に攻められ失脚した後、ルートヴィヒ二世の許に引き立てられて、盲目にされた上で投獄されてしまう。これは八七〇年のことであった。しかし、ロスティスラフ侯失脚後直ちに「スラヴ人たちの使徒」の事業がローマ教会から異端視されて止められたわけではなかった。その理由としては、西方教会内部での勢力バランスが影響していた。すなわち、ローマ教会と東フランク王国、フランク人聖職者たちとの間に緊張関係が存在していたことが考えられるのである。西方教会の中心であるローマ教会は、東方教会の中心コンスタンティノープル教会がビザンツ帝国と一体化して大きな存在感を示すのに対して警戒感を抱き、フランク人の首長を世俗的な後ろ盾に取り込み、巻き返しを図っていた。しかしその一方で、同じ西方教会の陣営内においては、パウロやペテロ以来の由緒を誇るローマ教会と、新興のフランク人によるフランク教会とが、熾烈な勢力争いを始めていたのである。つまり、同じ西方教会に属していても、ローマ教会はフランク教会の動きを常に支持するわけではなかった。

コンスタンティノスと兄メトディオスの兄弟が活動を始めた頃、活動の舞台はモラヴィアであったため、ローマ教会はある種、傍観者であった。実際、ロスティスラフ侯が最初にローマ教会に支援を求めた際も、ローマ教会側の態度は傍観者的であったが、それは、モラヴィアが既にフランク教会の管轄下にあり、キリスト教の布教も順調に進んでいて、ローマ教会としては敢えてフランク人と争うことも出来なかったからである。ところが兄弟の活動がコツェル侯のパンノニアにまで波及すると、状況は一変した。それはパンノニアと言う地域が、キリスト教の布教にとって極めて重要な場所であったため、ローマ教会はもはや傍観者に留まる事は出来なくなったからである。

当時このパンノニア方面に対しては、ローマ教会はアドリア海沿岸部から、フランク人たちはザルツブルクなどから、競うように宣教師を派遣していたのである。ローマ教会の立場からすれば、パンノニアは、キリスト教の布教が始まって以来、一貫してローマ教会の管轄下にあった。これに対してフランク人は、カール大帝がアヴァール人を駆逐して以来、すなわち七九一年以降、パンノニアはザルツブルクの教会の管轄下にあると強硬に主張していたのである。このようにパンノニアをめぐって西方教会内部で見解が対立していたまさにその時に、モラヴィアで開始された「スラヴ人たちの使徒」の事業が順調に進み、スラヴ人の弟子たちに叙階を求める方向へ発展する。そして、叙階のための経由地ヴェネツィアに向かう途中に立ち寄ると言う形で、パンノニアにも「スラヴ人たちの使徒」の事業が波及していったのである。これを見たローマ教会は、パンノニアにおけるローマ教会の管轄の維持強化に兄弟の活動を役立てようと考えたのであった。こうして、コンスタンティノスと兄メトディオスをローマに正式に招いたローマ教皇ニコラウス一世からステファヌス五世に至る間、ローマ教会は、自らの有利になるように兄弟とフランク人聖職者とを、いわば「両天秤に掛ける」ように扱った。その背後には、何としてもローマ教会のパンノニアに対する権益を守ろうとする意図があったのだ。

しかしながら、既に見てきたように、八八五年のメトディオスの死去と、それまでに圧倒的に強まった東フランク王国の支配力とによって、モラヴィアとパンノニアにおいては、「スラヴ人たちの使徒」の事業は灰燼に帰し、また、パンノニアへの管轄を強化したいというローマ教会の企図も頓挫したのである。

文字を残す――羊皮紙、蝋板、樹皮など

メトディオス、コンスタンティノス兄弟は、モラヴィア国へ発つ前にアプラコス（典礼用の福音書抜粋）の古代スラヴ語訳を完成させた。これは、羊皮紙に書かれた写本だった。当時の写本の形状や作成方法は、ビザンツ帝国でもモラヴィア国でもブルガリアでも、同時代の他のヨーロッパ地域と変わるところが無い。いずれも似たような羊皮紙、羽根ペン、インク、書見台などを用いて、修道院、大きな教会、宮廷などの書写房で作成された。ただ、飾り文字や装飾画に関しては、古代スラヴ語の写本にはビザンツ文化圏の独特の様式が広まっていた。

修道院の書写房には数個の机が配置され、書見台を始め、羊皮紙に行の目安の罫線を引くための特別な板、コンパスのような道具や千枚通しなどの用具類が置かれた。当時は、文字を書くことは「特殊技能」であり、多くの労力や苦痛を伴う作業であった。修道士の中にも不得手な人が多かった。

修道院の書写房には数個の机が配置されていたが、基本的には、その数倍以上の人数の修道士が「写字生」として写本作成に携わっていた。写字生は、図書室と書写房の両方を統べる監督役の修道士の指導監督の下で作業に当たった。監督者の割り当てに従い、複数の写字生が分担して筆写することも多かった。修行と筆写作業の効率の両方の理由から、写本を書き写す時には話さずに沈黙を守らねばならなかった。

かつて、文字がパピルスに書かれていた頃は、写本は巻物の形式であり、羊皮紙の使用が始まっても、最初は巻物の形式だった。その後、コーデックスと呼ばれる冊子体の本がパピルスでも羊皮紙でも誕生した。キリスト教会の聖書の羊皮紙写本は五世紀には最終的にコーデックスが主流になった。羊皮紙を一回だけ折ったものをフォリオ（二つ折り判）、二回折ったものをクォート（四つ折り判）と呼ぶが、前者では二葉四ページ、後者では四葉八ページのものができる。こうしたものを四つ重ねて本の形に綴じて写本を作るのが普通であった。フォリオでは、八葉十六ページとなり、初期のコーデックスは、このような体裁であった。

当時、羊皮紙は大変に高価で貴重なものであった。そこで、文字を書くことに携わった人々が一時的な連絡、覚え書き、下書き等のために使用した便利な道具があった。それがローマ時代から使われていた蝋板である。縁高の、木の四角いお盆のような板である。窪んだ部分に蝋を流し込んで固め、そこに文字を書き記すのである。片方が尖り、もう片方は丸い形の鉄筆などで字を書き、丸い方で蝋を平らにならして書き込まれた文字を消せば、再び、新たに文字を書けるという仕組みである。現代の小型タブレットくらいの大きさで、二つか三つを重ね合わせるようにして、腰から下げている写字生の絵

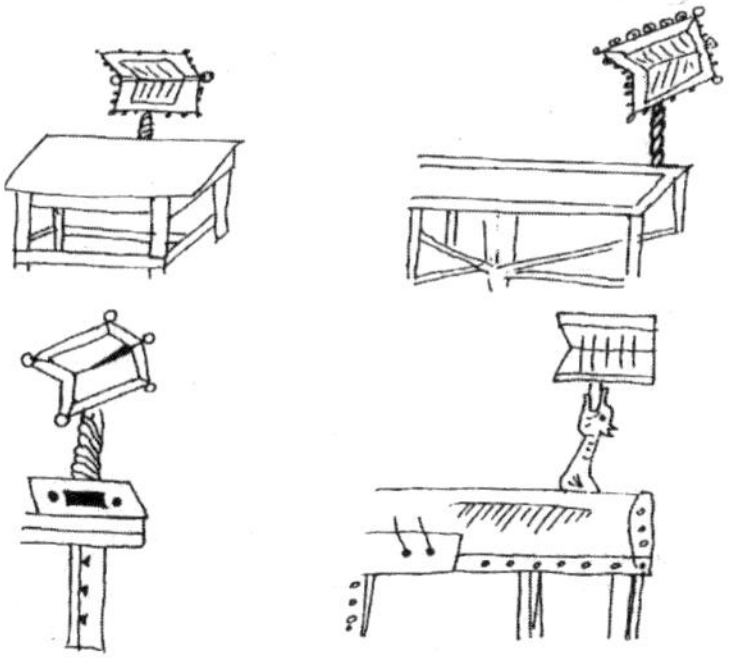

書見台（*Столярова Л. В.* Из истории книжной культуры русского средневекового города（XI - XVII вв.）. M., 1999. 30頁より）

が残されている。

スラヴ研究で最も著名な蝋板は、ノヴゴロドで二〇〇〇年に発見されたものである。ノヴゴロドはロシア建国に関わるロシア最古の都市の一つであるが、発掘調査で見つかったこの蝋板には詩篇の一節が残されていた。研究者によると、十一世紀初頭に書き込まれたものである。写字生が先生のお手本に従って稽古を積むために使われたものだという説も出されている。

ノヴゴロドといえば、白樺文書でも有名である。これは、紙の様に削った白樺の樹皮に鉄筆のようなもので刻むように文字を記した文書である。当初は、何も見えないように思われていたが、ひとたび、文字が刻まれている事が発見されるや、数多くの白樺文書が報告されるようになった。他の都市でも発見されることがあるが、ノヴゴロドで発掘される例が桁違いに多い。一、二行から、せいぜい十数行の短い文書ばかりで、売買、貸借、荘園の管理などの業務のやり取りや証文、身近な私信、子供の手習い等、当時のノヴゴロドの人々の日常生活の文書である。一九五一年、旧市街での発掘で発見されて以来、千点を超えている。最古の文書は十一世紀の地層から出ているが、文字（キリル文字）使用の普及の速さを証明している。ただし、一般に白樺文書はノヴゴロド地方の方言の特徴が強く出た史料であり、古代スラヴ語や古代ロシア文語の直接の研究対象とはならないものである。なお、十五世紀末には紙の使用が一般化して白樺文書は廃れた。

第四章　ブルガリアへの古代スラヴ語の伝播

――九世紀末のブルガリアで

ブルガリアで保たれた古代スラヴ語の命脈

コンスタンティノスと兄メトディオスは、スラヴ人にとって最初の文字（グラゴール文字）を考案し、多くのキリスト教典類を古代スラヴ語に翻訳した。モラヴィア国ではラテン語が基本であった教会活動にスラヴ語典礼も導入し、多くのスラヴ人の弟子たちを育てることが出来た。彼らの事業は八六二年から八八五年まで続き、一旦は大きく花開いたが、やがて古代スラヴ語への弾圧が強まると、モラヴィアとパンノニアではついに消滅させられてしまった。その後、弟子たちの中にはフランク人の手によって奴隷商人に売り飛ばされてしまった人々もいたが、かろうじて逃れることが出来た弟子の多くは、ブルガリアに向かった。その結果、モラヴィアで潰えてしまった兄弟の事業は、このブルガリアにおいて受け継がれ、大いに発展し、さらには、その後のスラヴ世界に対しても多大な貢献を残すことになった。そして、このブルガリアでなされた貢献は、後述するように世界史全体から見ても、特筆すべき出来事なのである。

なぜ弟子たちがブルガリアに逃げたのか、また、なぜモラヴィアで瓦解した兄弟の事業がブルガリアで受け継がれたのかを理解するためには、まず、ブルガリアの成り立ちについて知ることから始めなければなるまい。第一章でモラヴィア国の成立について述べた際に、アヴァール人の西進に巻き込まれたスラヴ人のことに触れたが、実は、ブルガリアの成立においても同様に、アヴァール人の西進が大きく関わっていたのである。

スラヴ人のバルカン半島流入

アヴァール人は、起源は不明だが、一般にモンゴル系の中央アジアの遊牧民と言われる。このアヴァール人の一部が、西に向かって動き出し、ドナウ川に沿ってビザンツ帝国内や（もともとはビザンツ領の）パンノニア（現在のハンガリー共和国あたり）に侵入して来て、六世紀の半ばには、カルパチア山脈の北部からエルベ川にいたる地域あたりを領有した。さらに、六世紀の後半には、ビザンツ帝国がペルシアとの攻防に勢力を注いでいる間にバルカン半島のシルミウム（現在のセルビア共和国のスレムスカ・ミトロヴィツァ）を領有する。既に述べたように、アヴァール人は征服した人々を従えつつ進んだので、この時期に大量のスラヴ人が、アヴァール人の進んだ道筋に沿って各地に広がり、大量のスラヴ人がバルカン半島にまで流れ込んだのだった。その結果、それまでのバルカン半島の非スラヴ系住民は、山岳地帯や海岸地方に追いやられ、ギリシア人もエーゲ海の沿岸部やトラキアの諸都市のみに閉じ込められるような状態となってしまった。

しかしながら、バルカン半島に住み始めた当初のスラヴ人は、数的には多くとも、文献などの文化的な遺産も生活様式を示す物質的な遺物も残していない。これは彼らが文字を持たなかったことや、社会の上層部ではなかったこと等によるものと思われる。地名を研究すれば、ペロポネソス半島始めギリシアの各地にスラヴ語起源の地名が多いことなどが分かり、スラヴ人が大量流入したことは確かである。そして、これらの大勢のスラヴ人は、生活や文化などの面で、より進んでいたギリシア人と同化していったと考えられる。おそらく、これが、六世紀頃のバルカン半島の状況であり、このような中で翌七世紀に、ブルガリアという国が建国されてゆくのである。

ブルガール人によるブルガリアの建国

さて七世紀初めにおいて、バルカン半島北部はアヴァール人とビザンツ帝国の緩衝地帯であった。そのような中で、六二六年のコンスタンティノープル総攻撃の失敗を境にアヴァール人の衰退が顕著になり、アヴァール人が専らパンノニアだけを守る様相に後退した。その結果、黒海に注ぐドナウ川河口のデルタ地帯からバルカン半島の東北部にかけて、アヴァール人の勢力も引いて、また、ビザンツ帝国の影響力も手薄な地帯が出現した。

この場所を、自分たちにとっての恰好の居場所と思ったのが、ブルガール人だった。ブルガール人とは、カスピ海の北のステップにいたチュルク系の遊牧民である。チュルク系とは、チュルク諸語（英語で言えばTurkic）を話す人々である。チュルク諸語は、サハ語（ヤクート語）、ウズベク語、カザフ語、トルコ語などの同系統の言語群からなる。ちなみに、Turkishは「トルコ語の、トルコ人の」という言葉になる。このブルガール人の一部が、七世紀初頭から、ドナウ川の下流左岸に出現していたのだった。

七世紀後半になると、ビザンツ帝国はブルガール人がドナウ・デルタにいることを脅威と見做すまでになった。そこで、六八〇年、ビザンツ皇帝コンスタンティヌス四世はブルガール人征伐に乗り出した。ところが、これが大失敗に終わり、六八一年、皇帝はブルガール人の首長アスパルフ汗と協定を結ばざるを得なくなり、これをもって、ブルガリアが建国されたのである。建国当初のブルガリアでは、ブルガール人が支配者となり、バルカン半島東北部に住むスラヴ人を服従させて国民としていた。そこでは、ブルガール人は遊牧民ゆえの天幕生活を送り、一方、スラヴ人は農耕民として定住生活をしていた。ただ、数的にはスラヴ人が圧倒していたので、百五十年ほど後の九世紀、すなわち、古代スラヴ語の舞台となる時代には、ブルガール人はスラヴ人に同化していってしまうのである。

建国の後、ブルガール人は、プリスカ（現在のシューメンの北東）に首都を築く。旧ローマ都市の廃墟を利用した本格的な都市で、彼らがビザンツ文化を取り入れ国力を高めようと努めた様子も分かり、このような経緯は、フランク人が五世紀に西ローマ帝国の各地に国を建てた場合と似ている。しかし、ブルガリアとビザンツ帝国は緊張した関係にあり、小競り合いを続けていく。七九六年には、アヴァール人がピピン（カール大帝の子）に大敗北を喫して、アヴァール人の領土が政治的な空白地帯となった。するとこの場所にブルガリアが進出し、かつてのアヴァール人の領土を押さえ、その地域の多くのスラヴ人を支配下に組み込んだ。こうして西に拡大した結果、ブルガリアはフランク王国と境を接するまでになった。このブルガリアの急伸長を非常な脅威と感じたビザンツ帝国はブルガリアを攻撃し、両国は、それぞれの首都にまで攻撃をかける長く大きな戦争に突入した。そして、八一四年、ブルガリアのクルム汗の急死をきっかけにして、オムルタグ汗（クルム汗の子）はビザンツ帝国と三十年の講和を結ぶこととなる。彼は、ビザンツ帝国との衝突を避けつつ国力の充実を図った。

ブルガリアのキリスト教受容

八五二年、ブルガリアではボリス（在位八五二〜八八九）が首長たる汗位に就く。ブルガリアを建国したのはチュルク系遊牧民のブルガール人だったが、建国以来、ビザンツ帝国の制度や文化を摂取して国造りを進めて来たことや、国民の大多数がスラヴ人であったことから、時とともに国内の言語や生活もチュルク系のものが失われていった。特に言葉の面で、ボリス汗の頃までにはブルガール人はスラヴ化してしまっていた。実際に、ボリス汗のボリスというのもスラヴ系の名前なのである。

ボリス汗の時代のブルガリアは、現代のセルビア、ボスニア、マケドニア、アルバニアあたりまでを支配して、モラヴィア国とも接していた。ボリス汗は、ビザンツ帝国に対抗するために、東フランク王国とも連携を模索した。ちょうどモラヴィア国のロスティスラフ侯がビザンツ帝国に使者を派遣した八六二年、ボリス汗は、東フランク王ルートヴィヒ二世とウィーン近くで会見した。すると、かねてよりボリス汗の動きに警戒を強めていた隣国ビザンツ帝国は、ボリス汗を牽制するために軍事力に訴えた。ビザンツ帝国との正面対決は避けたいボリス汗は、八六四年に和議を結ぶ。この講和の条件の中に以下のようなものが含まれていた。

・ボリス汗自身と臣下がキリスト教に入信すること
・ブルガリアの教会がコンスタンティノープル教会の管轄下に入ること
・ギリシア人宣教師による宣教を受け入れること
（典礼用語も、当然、ギリシア語）

つまり講和の条件としてブルガリアはビザンツ帝国と同じキリスト教を受け入れること、そしてビザンツ帝国の教会の管轄下に入り、ビザンツ帝国と同じ言語を用いて宣教を受けることを承諾したのである。こうして、ブルガール人（チュルク系）の支配者が大勢のスラヴ人を従えて建国したブルガリアは、二百年足らずの間に、キリスト教国家に生まれ変わったのである。ボリス「汗」はボリス「王」となり、ビザンツ皇帝ミカエル三世にちなんで洗礼名をミカエルとした。

ビザンツ帝国がブルガリアとの講和条件に上述のようなものを持ち出したのには、やはり、東フランク王国やローマ教会との勢力争いが大きく絡んでいる。これは、ビザンツ帝国がモラヴィア国に対して政策決定した場合と似ている。ただし、モラヴィア国とブルガリアとでは、大きく異なる点も存在する。たとえば、モラヴィア国はビザンツ帝国と直接に接してはいないのに対して、ブルガリアは隣国であった。また、モラヴィアでは既にフランク人の宣教師たちが熱心に布教し、典礼の言葉もラテン語であって、それを、スラヴ人の言葉で置き換えるか否か、ということが問題であった。したがって、モラヴィア国に関しては、そのロスティスラフ侯の願いを聞き入れたとしてもビザンツの外交にマイナスとなることはなかった。一方で、ブルガリアは、ビザンツ帝国としばしば緊張状態にあったため、ビザンツ帝国の勢力下に組み込む方が外交上望ましかった。そのためには、ブルガリアを東方教会の管轄下に入れること、それもギリシア語の典礼でキリスト教を受容させることこそが、ビザンツ帝国にとって得策であった。加えて、バルカン半島のスラヴ人は、既に述べたように、生活や文化などの面でギリシア人と同化していた場合も多いので、ビザンツ帝国としても、ギリシア語典礼を用いてもブルガリア人からの忌避感は少ないと考えたのであろう。

ブルガリア教会の管轄権をめぐる駆け引き

ブルガリアのボリス王がキリスト教に入信し洗礼名ミカエルを名乗った後も、ギリシア人宣教師による布教は特別に熱心に行われた訳ではなかった。また、ブルガリア国内にはキリスト教への改宗を快く思わない勢力もいた。しかし、それでも教会を通して徐々にブルガリアに対するビザンツ帝国の影響力は強くなり、それはボリス王の懸念する通りだった。このような政治的な事情は、モラヴィア国の場合と酷似し、支配者ボリスの採りうる政策も似たものとなる。すなわち、ボリスは、ビザンツ帝国・東方教会の影響力に対抗するために西方教会への接近を図ったのである。

西方教会へ接近する方策としてボリスは、ローマ教会とフランク教会の両方に使者を立てた。ローマ教皇ニコラウス一世（在位八五八〜八六七）はこれを歓迎して、八六六年には返書を届けた。さらに、ラテン語典礼の宣教師をもブルガリアに派遣している。そして、ブルガリアがラテン語典礼を受容したことは、西方教会では大きな出来事であった。というのも、この時期、ローマ教会は、東方のビザンツ帝国（すなわち、コンスタンティノープル教会）に対しても、あるいは、同じ西方教会のフランク人の教会に対しても、ローマ教会としての勢力を拡大すべく、積極策を講じていたからであった。ちなみにこのローマ教皇ニコラウス一世は、コンスタンティノスとその兄のメトディオスを正式にローマに招待した教皇である。

一方、ビザンツ帝国はあれこれと巻き返しを図った。八六九年から八七〇年にコンスタンティノープルで開かれた東方教会の会議では、ボリス王がブルガリア教会に対するローマの管轄権の確認を求めるのだが、ボリスの意に反してローマ側はコンスタンティノープル教会の管轄権を認めてしまったのである。これは、ローマの明らかな大失策で、以後、ブルガリアは完全に東方教会に組み込まれてしまう。

ただ、この会議が開かれていた時期は、モラヴィア国は東フランク王国に侵攻されてロスティスラフ侯が失脚し、また、コンスタンティノスはローマで客死し、モラヴィアに戻った兄のメトディオスは山奥に幽閉されてしまうといった大波乱の中にあった。それゆえ、ローマ教会、ビザンツ帝国、東フランク王国といった強大な勢力と、ブルガリアやモラヴィア国のような周辺諸国とを巻き込んだ複雑な駆け引きがあり、ブルガリア教会の管轄権をめぐる問題がボリス王の意図に反した結果になったのも止むを得なかったのかも知れない。

ブルガリアにおける古代スラヴ語の定着

本章冒頭でも述べたように、コンスタンティノスと兄メトディオスの活動は、モラヴィアとパンノニアでは潰えてしまったが、兄弟の始めた古代スラヴ語による文化的、言語的な事績は、逃れて来た弟子たちによってブルガリアにもたらされた。この古代スラヴ語に関する事業がブルガリアで生き延びることが出来たのには、前項でも述べたブルガリア教会の管轄権をめぐる事情が大きく影響した。

と言うのも、西方教会の管轄下へ入ろうとしたブルガリアの支配者ボリスの目論みは成就せず、ブルガリア教会はビザンツ帝国の管轄下に取り込まれてしまったのだが、それゆえに、ボリスやその後継者シメオンは、古代スラヴ語によるスラヴ語典礼に期待を掛け、これを大いに庇護したのである。実はブルガリアは、前述した東方教会の会議でブルガリア教会の管轄権が問題になった際に、ビザンツ帝国の許には入るものの、大主教座の設置を許され、独立の教会として認められてはいた。ただし、その大主教にはギリシア人が任命されて、典礼もギリシア語のままであったのだ。そこでボリスは、古代スラヴ語により、教会文献のスラヴ語への翻訳、スラヴ語による典礼の整備、それらを通じてのスラヴ人の聖職者の養成といった、かつてコンスタンティノスと兄メトディオス兄弟がモラヴィア国で実践したような取り組みがブルガリアでなされることを期待したのである。

先にも見たようにビザンツ帝国は、モラヴィアでの場合と異なって、隣国ブルガリアに対してはスラヴ語典礼を安易に認めることは出来なかった。しかし、そのような状況下にも拘わらず、ブルガリアでのスラヴ語典礼の使用が可能になったのは、限られた数とはいえ兄弟が育てた優れた弟子たちの存在、古代スラヴ語に翻訳された経典類の蓄積、さらに、スラヴ語での布教活動のノウハウの積み重ねなどがあったからであろう。

また、かつてのモラヴィア国と東フランク王国との力関係とは異なり、ブルガリアは政治的には、ボリスや後継者シメオンの頃までに国力を充実させており、ビザンツ帝国に対して一定の抵抗力を備えるまでになっていたこともブルガリアでスラヴ語典礼が定着することに大きく寄与したと思われる。

ブルガリアという国が国家として発展し国力も強めてきた。さらにキリスト教を受け入れ、教会の独立も手に入れて、そのことにより国力を維持して、諸外国からの政治的圧力に対抗しようとした。その際に、ブルガリアの国の成り立ちからして、国民の大多数がスラヴ人であったことから、スラヴ語の典礼を使用する事が最善であるとの首長の判断が下された。このような事情が、古代スラヴ語とそれに基づくスラヴ語典礼がブルガリアで受け入れられ定着した要因であった。

東方からの異民族

本書で取り上げているスラヴ人社会の動静に関して、とりわけ九世紀後半のメトディオス、コンスタンティノス兄弟による古代スラヴ語の制定とモラヴィア国へのキリスト教布教を挟んだ、六世紀半ばから十世紀までの間、東方から来襲した異民族がスラヴ人社会に大きな影響を与えた。これら異民族とは、以下のようなものである。

(一) アヴァール人

アヴァール人は、中央アジアの遊牧民である。起源は不明だが、一般にモンゴル系と言われる。六世紀に西進して来て、ヨーロッパの東部から中部にかけて、フランク王国やビザンツ帝国と勢力を争った。その過程で、多くのスラヴ人を巻き込んだのである。七九一年にフランク王国カール大帝に討たれて、事実上、滅んだ。

(二) ブルガール人

ブルガール人とは、カスピ海の北のステップにいたチュルク系の遊牧民である。このブルガール人の一部が、七世紀初頭から、ドナウ川の下流左岸に出現して、六八〇年のビザンツ皇帝コンスタンティヌス四世によるブルガール人征伐以来、ビザンツ帝国と勢力を争った。ブルガール人が支配者となり、バルカン半島東北部に住むスラヴ人を服従させて国民としてブルガリアを建国したが、古代スラヴ語の舞台となる時代には、ブルガール人はスラヴ人に同化していた。

（三）マジャール人

マジャール人はフィン・ウゴール系の言葉を話す民族で、ウラル山脈あたりから出て来て、九世紀末までには黒海の北部へと移り住んだ。九世紀の末、ペチェネグ人（次項参照）とキエフ・ルーシの争いの余波により、ドナウ川河口のあたりまで押し出された。その後、ビザンツ帝国の蛮族対策に利用されるなどした後、カルパチア盆地に落ち着く。この頃、マジャール人は三万人規模の集団だった。ブルガール人やスウェーデンからのルーシ人と異なり、人数の規模の大きさから土着先の他民族に吸収されなかった。

（四）ペチェネグ人

ペチェネグ人は、チュルク系の遊牧民である。アルタイ山脈の西麓から来て、九世紀末までには黒海の北部へと移り住んだ。この地域でキエフ・ルーシ、マジャール人などと争い、ブルガリアにも攻め入ったりした。キエフ・ルーシのスヴャトスラフ公のブルガリア侵攻からの帰途を襲撃して公を殺害した（九七二年）ことでも知られる。その後、ビザンツ帝国から攻められるなどしている内に、十三世紀には滅んだ。

チュルク系とは、チュルク諸語（英語で言えばTurkic）を話す人々である。チュルク諸語は、サハ語（ヤクート語とも呼ばれた）、ウズベク語、カザフ語、トルコ語などの同系統の言語群からなる。ちなみに、Turkishは「トルコ語の、トルコ人の」という言葉になる。チュルク諸語とモンゴル諸語（モンゴル語、ブリヤート語など）、ツングース諸語（エヴェンキ語、満州語など）との間の系統関係は学問的に解明されていないので、現状では、これらは別個に扱うべきである。

六世紀のころ、スラヴ人はドニエプル川の中流域（ウクライナ北中部〜ベラルーシ南東部）に居住していたと考えられるが、当時の彼らの周囲には、ごく大まかに言って以下のような人々が住んでいたと想定される。

・東側
　チュルク系、モンゴル系、フィン・ウゴール系
・北側
　フィン・ウゴール系、バルト系
・西側
　ゲルマン系
・南側
　ビザンツ帝国勢力圏内の様々な民族

第五章　ブルガリアにおける古代スラヴ語の黄金時代

——キリル文字の考案

ブルガリアにおける古代スラヴ語の新展開

メトディオスの死（八八五年）とともにモラヴィアで瓦解してしまった古代スラヴ語によるスラヴ語典礼の普及活動は、フランク人の弾圧からかろうじて逃れ得た弟子たちの手でブルガリアにおいて受け継がれる。この章では古代スラヴ語がブルガリアにおいて単に受け継がれたのみならず、大いに発展しスラヴ世界に多大な貢献を残すことになることを見てゆく。

モラヴィアを追われた弟子たちは何とかドナウ川を下って現在のベオグラードまでたどり着く。ここが当時のブルガリアの北辺であった。その後、彼らは、ブルガリアの首都プリスカ（現在のシューメンの北東）にまで到着して、ボリス王に温かく迎えられた。そして、ボリスの庇護を受けてクリメント、ナウム、アンゲラリウスといった弟子たちがそれぞれに活躍し、古代スラヴ語の黄金時代を築いてゆくことになる。まず、クリメントは、モラヴィア伝道にも同行したメトディオスの高弟であった。彼は、ボリスから南西ブルガリアでの活動を任ぜられ、オフリドを拠点に活躍して、七年間で三千五百人もの弟子を養成した。オフリドは、現在のマケドニアの南西端オフリド湖岸の都市で、アドリア海とエーゲ海を結ぶ街道上の要衝であった。クリメントは、後にスラヴ人として最初のブルガリアの主教となる。一方、首都に留まったナウムは、その後、ボリスの子のシメオン（在位八九三～九二七）の時代に、新たな首都プレスラフ（現在のシューメンの南西）において活動をさらに活発化させた。

プレスラフでは、やはりメトディオスの弟子と言われるプレスラフのコンスタンティンも加わり、宮廷に多くの聖職者が集まり、盛んに古代スラヴ語による翻訳、著作活動が展開されていった。クリメントやナウムの弟子たち、たとえば、総主教代理イオアンや学僧フラブルらも合わせて、このプレスラフとオフリドの両拠点での活動が、ブルガリア文化の黄金時代を生み出した。

彼らの翻訳や著作の一端を紹介すると、プレスラフのコンスタンティンの『説教のための福音書』、総主教代理イオアンの『天地創造の六日間』、『ダマスクスのヨアンネスの「知の泉」』、司祭グリゴーリーの（シメオン帝の命令による）旧約聖書の抄訳などがある。シメオン帝といえば、彼の肝いりで完成した『シメオンの文集』も忘れてはならない。これは、キリスト教に限らない百科全書的な文集で、このような書物は、スラヴ人にとって初めてのものである。自然界のことから社会や文化的なテーマまで扱った古代スラヴ語によるこの本によってスラヴ人は初めてメタファーやアレゴリーなどの概念を知ることになる。この他、聖者伝、聖僧伝、また、教会での朗読のために教会暦に沿って配列された形式の聖人伝などが次々と古代スラヴ語で翻訳された。そのほか、ゲオルギオス・ハマルトロスの年代記や多くの聖書外典（アポクリファ）も翻訳された。さらに、翻訳ではないオリジナルな古代スラヴ語での著作として、クリメントの『説教集』や司祭エレミアの『十字架の木の物語』なども知られる。ただ、ブルガリアがビザンツ文化から吸収したものは、先ほどの

プレスラフの遺跡（プレスラフ市のサイトから）

『シメオンの文集』のようなものを除けば、キリスト教に関連する内容の書物に限られ、四学（算術、幾何、音楽、天文学）や三学（文法、修辞学、論理学）といった古典ギリシアの文化は吸収しなかった。とは言え、このブルガリア文化の黄金時代に生み出されたスラヴ語文献は、その後の中世のセルビアやロシアに伝播し、かの地で非常に大きな影響を与えることになる。

このようなブルガリアでの古代スラヴ語の受容の過程で、特筆すべき新展開がある。それは、スラヴ語の新たなアルファベット（キリル文字）が考案されたことであった。コンスタンティノスが考案したグラゴール文字に代わる、このキリル文字という新しいアルファベットの獲得は、古代スラヴ語が生まれ変わったとも言い得るほどの価値がある。このことの重要さは、現代のスラヴ諸語を観察すれば一目瞭然である。現代のスラヴ諸語には、ローマ字起源のアルファベットを用いているスラヴ諸語（ポーランド語やチェコ語など）と、キリル文字からの派生形が使われているスラヴ諸語しかないからである。すなわち、今日のスラヴ諸語に残っているのは、新しく考案されたキリル文字の派生形で、先にコンスタンティノスが発明したグラゴール文字は、今日では全く用いられていないのである。

ブルガリアでキリル文字が誕生した理由

古代スラヴ語がブルガリアにおいて受け継がれた当初は、コンスタンティノスが考案した文字体系（グラゴール文字）や語彙や構文などが、そのまま受け入れられていた。

それでは、なぜ、ここで別途に、新たなアルファベットが考え出されたのだろうか。その主な理由は、二つある。一つには、グラゴール文字はスラヴ語を表記するためには極めて優れた文字であるが、前に第二章で掲げたように、その字形が非常に個性に富んでいて、覚え込んで使いこなすには相当の困難を伴うということがある。もう一つは、国としてのブルガリアの成熟度が挙げられる。六八一年の建国以来、ビザンツ帝国の政治や社会の仕組みを見習って、国力の充実に努め、二百年余りの時の流れの中で、首長たる汗の家族や一族の中からさえキリスト教に帰依する者も出てきた。また、ギリシア語に明るい人材も国内で豊かになっていた。オムルタグ汗（在位八一四〜八三一）が命じて立てたギリシア語碑文も残されている。このようにブルガリアでは、交易上のメモ書き程度のみならず、抽象的な内容の文字文化に親しんだ国民が一定程度まで増加していたのである。かつてのモラヴィア国の場合には、グラゴール文字の受容にはそれほどの困難は無かったと思われる。というのも、モラヴィア国は八三〇年に誕生した若い国で、国として独立する前からフランク王国やフランク教会の許で一定の社会的な発展もしていたとは言え、国民の中で、たとえばフランク人の言葉であれ、ラテン語であれ、自由に読み書きの出来るような人材は、まだまだ稀であった。そして、初めて文字に接する人の場合ならば、自らのスラヴの言葉の表記によく合致していたグラゴール文字を身に付ける事に抵抗感も困難さも感じないはずであるからだ。しかし、文字の扱いに習熟した人々が増えつつあったブルガリアでは、グラゴール文字の扱い難さが際立ってくるのである。

　さて、ブルガリアでは、ボリスの子シメオンの時代になり、首都もプレスラフ（現在のシューメンの南西）に遷された。ボリスもシメオンも、古代スラヴ語によるスラヴ語典礼に大きく期待し、古代スラヴ語による典礼の整備、それらを通じてのスラヴ人の聖職者の養成などに熱心に取り組ませた。だが、グラゴール文字は使いこなすのが困難であるということがあった。そのような状況の中、首都プレスラフの宮廷の周囲で古代スラヴ語による翻訳や典礼の整備に携わるような人々の中には、ギリシア語の知識の豊富な人々も多く、むしろ、ギリシア文字を用いてスラヴの言葉を表記した方が良いと考える人が現れても不思議ではない。これは、ビザンツ帝国の主都コンスタンティノープルで高い教育を受けたシメオンその人の思いでもあったかも知れない。もちろん、スラヴの言葉を表記するに当たって、ギリシア文字にはいくつもの不適合があり、そのままでは用いることが出来ない。ところが、コンスタンティノスの創ったグラゴール文字が既に存在するので、これを下敷きにしてギリシア文字に改良を加えれば、事は容易である。つまり、スラヴの言葉によく適合したグラゴール文字の体系を活かし、そこへ使い慣れたギリシア文字の体系を当てはめて改良するということによって、新たなアルファベット誕生の道が開けたのだ。こうして、九世紀末、シメオン統治下のブルガリアの新しい首都プレスラフで、スラヴ語の新たなアルファベットであるキリル文字が出現したのである。シメオン時代の首都プレスラフでは、作成される文献の量が飛躍的に増大して、そのため、携わる人の層も必然的に大きく拡大する。その結果として、誰でもが使い易い平易な文字体系の必要性が急速に高まったゆえのキリル文字の誕生であったとも言える。

グラゴール文字とキリル文字の関係

古代スラヴ語は、八六二年、モラヴィア国ロスティスラフ侯から時のビザンツ皇帝ミカエル三世に対して寄せられた要請から始まったことは既に見た通りである。すなわち、「我々自身の言葉でキリスト教の正しい信仰を説く教師を持ちません。ゆえに陛下よ、主教にして、かつ、このような教師たる者をわれらに派遣して下さい」という要請である。そして、このモラヴィア国での「スラヴ人たちの使徒」と言われる活動を進めるための第一歩として、ギリシア人学僧コンスタンティノスがスラヴ人のために生み出したのがグラゴール文字だった。

その後、これまで見てきたように、モラヴィア国を中心とした兄メトディオス、弟コンスタンティノスの活動が潰えた後も、古代スラヴ語とグラゴール文字は、僅かに生き延びた弟子たちによって、ブルガリアで命脈を保ったのだった。そしてブルガリアではボリス王から手厚く保護された弟子たちが、西部のオフリドと首都のプリスカを中心に大いに活動し、グラゴール文字による翻訳や編纂を順調に進めてきた。

ところがボリスの後、シメオンの時代になると、新たな首都プレスラフで、キリル文字が出現したのである。そしてこれ以降は、二つの文字体系が並存してゆくのであるが、並存のしかたには地域差も生じてゆく。すなわち、プレスラフでは、間もなく、キリル文字の使用が卓越し、他方、西部のオフリドでは、より後の時期までグラゴール文字の伝統が維持されてゆくのである。ちなみにグラゴール文字とキリル文字とは、誕生の時期が異なるだけで、日本語の平仮名とカタカナのような機能の差は持たない。従って、或る一つの文献の中では、どちらか一つの文字体系が専ら用いられる。他の文字体系が現れるのは、注釈をつけるなどの場合のみである。

また、キリル文字という呼び名は、コンスタンティノスの修道士名キュリロス（ブルガリア語やロシア語風に言えば、キリル）にちなんだものとされる。コンスタンティノスが生み出したのはグラゴール文字の方であり、キリル文字を生み出したのは、ブルガリアの弟子たちなのだが。

キリル文字が、グラゴール文字の特徴をギリシア文字に適用して考案されたことは前にも述べた。実際、キリル文字は明らかに、九世紀のギリシア語のウンキアリス書体を、ほぼそのまま利用した文字体系である。特定の一人の人物の発案と言うよりも、シメオンのプレスラフ宮廷に多くの聖職者が集まった、その環境の産物と言えるかも知れない。ギリシア文字では表せないスラヴ語の独自の音に対する文字としては、これも明らかに、グラゴール文字を借用して、当てはめている。たとえば、Ж、Ш、Щなどである。覚えやすく親しみやすいキリル文字への交代は自然の成り行きであった。だが、このようにギリシア文字をほぼそのまま流用して、スラヴ語のためのアルファベットが誕生したのも、ひとえに、コンスタンティノスの創出したグラゴール文字が先駆けて存在したからに他ならない。グラゴール文字の存在意義の大きさは、どれほど強調してもしきれないほどである。

とは言え、先にも触れたように現代のスラヴ諸語で見られるのはキリル文字の派生形であり、グラゴール文字ではない。つまり大きな流れとして見れば、グラゴール文字はキリル文字に取って代わられるのである。ただし、ごく一部の地域では、かなり後の時代までグラゴール文字が生き続けたことは興味深い。それは、アドリア海沿岸部ダルマチア地方でのことである。この地域は現在はクロアチア共和国に含まれている。九世紀当時、今日のクロアチアに当たる地域の内陸部はフランク教会の影響下にあり、アドリア海沿岸部ダルマチア地方は（東方のコンスタンティノープル教会も勢力拡大を図っていたが）ローマ教会スプリト司教座の管轄化にあった。ところがモラヴィア国での伝道が順調だった頃、メトディオスの弟子たちによりニン（ザダルの北方の町）の教会に古代スラヴ語の典礼が伝えられ、急速に広まったのだった。さらに、モラヴィアでの伝道が失敗に終わった後も、ダルマチア地方のスラヴ語典礼は細々とその命脈が保たれていた。その後、クロアチア内陸部はローマ教会の許にあったハンガリーに支配され、西方教会のラテン語典礼に従うこととなった。一方ダルマチア地方では管轄するスプリト教会などからの度々の禁令にもかかわらず、一部のローマ教会傘下の教会においてグラゴール文字を使いスラヴ語で書き表された典礼書が二十世紀に至るまで長く用いられていたことが知られている。

キリル文字一覧

文字の形	音価	数価	文字の形	音価	数価
а	a	1	оу，ꙋ	u	400
б	b		ф	f	500
в	v	2	х	kh	600
г	g	3	ѡ	o	800
д	d	4	щ	sht	
є	e	5	ц	ts	900
ж	zh		ч	ch	90
ѕ	dz	6	ш	sh	
з	z	7	ъ	ŭ	
і	i	10	ꙑ	y	
и	i	8	ь	ĭ	
к	k	20	ѣ	ě	
л	l	30	ю	ju	
м	m	40	ꙗ	ja	
н	n	50	ѥ	je	
о	o	70	ѧ	ę	900
п	p	80	ѫ	ǫ	
р	r	100	ѩ	ję	
с	s	200	ѭ	jǫ	
т	t	300	ѳ	th	9
			ѵ	ü	400

この他に、ѯ（ks、60）、ѱ（ps、700）

キリル文字の碑文

メトディオス、コンスタンティノス兄弟が八六二年から八八五年にかけて翻訳作成した古代スラヴ語による本は、一冊も現存していない。その後に弟子たちが残した古代スラヴ語の資料も失われてしまった。現存するものは、後に作成された写本だけである。研究者たちが一番古いと考える写本でも、せいぜい、十世紀半ばの写本である（グラゴール文字で書かれた『キエフ断片』、第七章のコラムを参照）。その他の諸写本は十一世紀に入ってからのものである。本文でも繰り返したように、メトディオスの死（八八五年）とともにモラヴィアで瓦解したスラヴ語典礼の普及活動は、ブルガリアにおいて受け継がれた。ところがブルガリア王ボリスの後、シメオン（在位八九三〜九二七）の時代になると、新たな首都プレスラフで、キリル文字が出現したのである。前述のように、この時代に作られた本はグラゴール文字であれキリル文字であれ、残念ながら現存していない。

羊皮紙に書かれたシメオン時代の文献は現存してはいないが、碑文類は現代に伝えられている。それらの中で、現時点で年代の分かるキリル文字の最も早い使用例は、クレプチャ（Krepcha プレスラフの北西）の教会跡で発見された刻文で、九二一年のものである。

メトディオス、コンスタンティノス兄弟の愛弟子ナウムや、またプレスラフのコンスタンティノらの活躍するシメオン統治下の新首都プレスラフで、スラヴ語の新たなアルファベットであるキリル文字が出現したことは間違いない。プレスラフの円形教会跡からは、十世紀のものとされるグラゴール文字とキリル文字の両方で記された碑文が発見されている。さらに、この円形教会跡では、他にも多くのキリル文字の書かれた陶板片が発見されている。このような事実から、キリル文字の使用開始をシメオンの即位した八九三年に結び付ける説も根強い。ただ、残念なことに、これらの陶板片には年代の記入が無いので、証拠としては弱いのである。

年代の記されたキリル文字碑文として著名なのは、九四三年のドブルージア碑文と九九三年のサムイル帝（ブルガリア皇帝在位九七六～一〇一四）の碑文である。前者は、一九五〇年、ルーマニア領内のドナウ川と黒海を結ぶ運河の工事現場で発見された極めて短い碑文である。州の長官ドミートリーという名前が読み取れる。後者は、一八八八年、オフリド東南のプレスパ湖畔の宮殿跡から出土したもので、十一行の銘文が刻まれている。「父と子と聖霊の御名において神の僕サムイルが…」という両親と兄弟への墓碑銘である。他に、一九五二年にプレスラフ宮城外の教会跡で見つかった墓碑銘（シメオン帝と次のペタル帝に仕えた高官モスティチのもの）が知られている。この墓碑は九五〇年代と推定されている。

第六章　古代スラヴ語の終焉

——十世紀末のキエフ・ルーシ（中世のロシア国家）で

ブルガリアの意外な衰退

これまで見てきたように、コンスタンティノスがその兄メトディオスと考案した古代スラヴ語は、モラヴィアでは八八五年にメトディオスの死と共についえ去ってしまった。しかしその後、古代スラヴ語は、フランク人の弾圧から逃げ延びた弟子たちの手でブルガリアにおいて大いに発展した。弟子たちによるプレスラフとオフリドの両拠点での活動が、ブルガリアにおける古代スラヴ語の黄金時代を生み出した。その背景にはボリスを始めとするブルガリアの首長が古代スラヴ語を手厚く庇護してくれたことがある。ブルガリアでは、このまま古代スラヴ語やスラヴ語典礼が発展し続けるかとも思われる勢いであったが、ところが、モラヴィア国での古代スラヴ語普及の失敗の原因が東フランク王国からの圧力などの国際情勢にあったように、ブルガリアでの古代スラヴ語やスラヴ語典礼も、同じように国際情勢の荒波に翻弄されてしまうのである。すなわち、隣接するビザンツ帝国との関係がブルガリアを脅かして滅ぼすこととなる。こうして古代スラヴ語は再び庇護者を失ってしまうのである。

そもそも、ブルガリアとビザンツ帝国との緊張関係は七世紀から見られるものだ。七世紀初めからブルガール人（ブルガリアを建国した、カスピ海の北のステップにいたチュルク系の遊牧民）の一部がドナウ川の下流左岸に出現していたが、アヴァール人の勢力衰退を見て、ブルガール人がさらにドナウ川を越えて広がる動きを開始し、これがビザンツ帝国から見れば脅威となったのだ。これ以来、ビザンツ帝国とブルガリアとは、講和による平和的な共存の時期もあったが、基本的に、緊張関係にあった。直接に国境を接する両国の地理も災いしたと言える。

ボリス汗の時代にはキリスト教を国教とし、その後、ビザンツ帝国で高い教育を受けた後継者のシメオン（在位八九三〜九二七）が即位すると、ブルガリアはスラヴ人のキリスト教国として順調に発展していった。さらに、ビザンツ帝国風の教養を身に付けたゆえになのか、シメオンはローマ皇帝の位に就こうと望み、二度にわたりビザンツ帝国の首都コンスタンティノープルを攻めた。ただし、二度とも、史上有名な堅固な城壁が首都を救ったとされている。だがシメオンはこの戦いによって、首都コンスタンティノープルとテッサロニケの二都市を除くトラキアとマケドニアを支配下に置くことが出来た。

ところが、このシメオンが九二七年に亡くなると、これをきっかけに、ブルガリアは急速に弱体化する。国内では、何より、教会や典礼を否定するボゴミール派という異端が台頭し政情を不安にした。また対外的には、ビザンツ軍はもとより、ビザンツ帝国と連携したマジャール人、さらには、シメオンの頃はブルガリアと手を結んでいたペチェネグ人（チュルク系の遊牧民）などからの攻勢にさらされる。こうしてブルガリアは、九七一年には、西方の一部を除く国土をビザンツ帝国に征服されてしまう。さらに、一〇一八年、ビザンツ皇帝バシレイオス二世（「ブルガリア人殺し」の異名を持つ）によって、ブルガリアは完全に征服された。このようなブルガリアの衰退の中で、キリスト教の典礼も、スラヴ語典礼の代わりに、かつてのようなギリシア語の典礼が復活していったのである。

このように、まるで、モラヴィア国での出来事の繰り返しのように、古代スラヴ語とスラヴ語典礼は、ブルガリアでも居場所を失ってしまう。しかし古代スラヴ語とスラヴ語典礼は、これまで同様、新たな安住の地を見つけてゆくのである。その地とは、キエフ・ルーシ（中世のロシア国家）であった。

キエフ・ルーシの誕生

ブルガリアがビザンツ帝国に滅ぼされた後には、聖職者の多くがキエフ・ルーシに逃れて行き、その結果、キエフ・ルーシが古代スラヴ語やスラヴ語典礼の中心地となってゆく。キエフ・ルーシでの古代スラヴ語の状況を述べる前に、まずは、このキエフ・ルーシという国の誕生に至るまでのスラヴ人の動きについて見ておこう。

そもそもスラヴ人は、ドニエプル川の中流域からプリピャチ川のあたり、現在のウクライナ北西部からベラルーシ南部あたりに暮らしていたとされる。しかし、六世紀以降、アヴァール人（中央アジアの遊牧民）がヨーロッパに侵入して来ると多くのスラヴ人が彼らに征服されてそのまま引き連れられ、遥か遠く、南のバルカン半島方面や、西のオーデル川やエルベ川方面にまで移動させられた。その後、九世紀半ば、西方のモラヴィア地方に住み着いていたスラヴ人がモラヴィア国を建国した。また、バルカン半島では、ブルガール人（チュルク系遊牧民）の建国した国ブルガリアが、やはり九世紀半ばまでには、スラヴ人の国へと姿を変えていた。

このような民族移動の一方で、スラヴ人の中には、首をすくめるようにしてアヴァール人をやり過ごして、もともとの土地に暮らし続けたもの、あるいは、アヴァール人の奔流を避ける形で、北東の方角に移り住んだものもいたと考えられている。これらのスラヴ人は、さらに北方や北西方向のバルト人、あるいは、北東方向のフィン・ウゴール人と深く交流しながら、いわゆる部族単位の農業共同体を形作っていた。そこへ、八〇〇年頃、スウェーデンのノルマン人（この一派は、まだキリスト教徒ではなかった）が、バルト海沿岸のスラヴ人とバルト人の土地に勢力を伸ばして来る。そして、このノルマン人は勢力下に置いた人々をも引き従えて、さらに内陸へと進んでゆく。そしてこの動きがキエフ・ルーシの建国に繋がると考えられている。この時の移動ルートについては、以下のような二つの説があり、いずれも蓋然性が高い。

・考古学的な研究によるルート
リガ湾 ↓ 西ドヴィナ川 ↓ ドニエプル水系

・『原初年代記』（『過ぎし歳月の物語』とも呼ぶ）に出てくるルート
フィンランド湾 ↓ ネヴァ川 ↓ ラドガ湖 ↓ ボルホフ川 ↓ ドニエプル川

この時代のノルマン人とスラヴ人との交渉やキエフ・ルーシの建国に関しては、『原初年代記』

に以下のような記事が出てくる。なお、記事中に出てくる「ルーシ」とは、ノルマン人の或る部族を指している。また、記事ではノルマン人をヴァリャーグ人と呼んでいる。

部族単位の農業共同体を作っていたスラヴの人々は、互いに争い、正義が支配することが無かった。そこで海のかなたのルーシの許に渡り、「我々の土地は広く豊かだが、秩序が無い。したがって、やって来て、公として君臨して欲しい」と、ルーシの族長に要請した。その結果、八六二年、三人の兄弟がルーシの全部族を率いてスラヴ人の土地に移り住んで、建国したのである。長兄リューリクがノヴゴロドに、次兄シネウスがベロオーゼロに、末弟トルヴォルがイズボルスクに、それぞれ建国した。やがて、ノヴゴロドのノルマン人が勢力を得て、南下し、キエフを重要拠点とする。リューリクの部下であるアスコリドとジルがキエフを占領した。

弟たちには子供がいなかった。八七九年、リューリクが亡くなるが、彼にはイーゴリという子がいた。イーゴリが幼かったので、一族のオレーグが摂政に就いた。八八二年、イーゴリと摂政オレーグがノヴゴロドから南下し、アスコリドとジルから奪取する形で、キエフを占領する。キエフ占領後、イーゴリが幼かったので、摂政のオレーグがキエフ公となった。

このような年代記の記事から、ノルマン人は当初は「一枚岩」では無かったが、次第にリューリクの一族が特別な地位を占めるようになっていったことを読み取ることが出来る。ノルマン人の異なる集団が、スラヴ人の居住地域に、何回も波状的に渡来して来て、それらのノルマン人の中での新旧の勢力争いも小さくはなかったというところが実情であろう。さらにまた、スラヴ人は「我々の土地は広く豊かだが、秩序が無い。したがって、やって来て、公として君臨して欲しい」とノルマン人に要請したのだが、「秩序が無い」の文言からは、スラヴ人の中に、支配者となったノルマン人に服従しない部族が出てくることも予想させる。事実、リューリクの息子のイーゴリは、スラヴ人の部族の一つであるドレヴリャーニン人に殺されてしまう。『原初年代記』によれば、九四五年の出来事である。

要するに、ルーシ族（スウェーデンのノルマン人の或る部族）の三兄弟が全ルーシ族を率いてやって来て建国したということから、この国のことをルーシと呼んでいる。特に、キエフが都となったので、キエフ・ルーシと呼ばれることが多い。このキエフ・ルーシでも、八六二年の建国の際には、首長はノルマン人リューリクで、国民はスラヴ人という国家だった。ただ、支配層のノルマン人の間でも、支配されるスラヴ人からしても、建国当初は、まだ国としては不安定であり、それは、先に見たイーゴリの末路からも窺える通りである。

キエフ・ルーシとキリスト教

八六二年に建国されたキエフ・ルーシは、諸都市のゆるい連合体のような存在で、前述のように、支配層はルーシ族すなわちスウェーデンから来たノルマン人で、国の住民はスラヴ人である。両者共に、建国当初は、まだキリスト教徒ではなかったし、スラヴ語の文献文化も誕生していなかった。キエフ・ルーシ建国時のスラヴ人は、基本的に、自然界の力を崇めるアニミズム信仰だったと言われている。

首長のキエフ公は、冬の間、親衛隊を連れて領内を回って貢物を徴収し、春、ドニエプル川の氷が溶けると、川を利用してキエフに帰る。そして夏になると、集めた貢物をコンスタンティノープルに運んで商売をした。交易品としては、毛皮、蝋、蜂蜜、手芸品、奴隷などを輸出し、ワイン、香料、宝石、織物などを輸入して来た。イーゴリは、この冬季の貢物徴収の途上、スラヴ部族の一つであるドレヴリャーニン人によって殺害された。前述の『原初年代記』の中でもよく知られた事件で、この後、イーゴリの妻オリガが摂政（九四五〜九六四）となり、策略を用い、五千人のドレヴリャーニン人を殺戮して夫の仇を討つ。

摂政となったオリガは、巡回して貢納を集める方式を廃し、諸族に税を課すことにする。また、彼女は、周辺強国との関係にも配慮した。そしてまずは、ビザンツ帝国との関係を良好に保つために、九五五年、ビザンツの習慣に倣ってコンスタンティノープルでキリスト教に入信したと言われている。これは建国から約九十年後にあたる。その一方で、オリガは、九五九年、西方教会側の東フランク王国のオットー一世に宣教師の派遣を要請する。そして、それに応える形でアダルベルト大司教に率いられたフランク人宣教団がキエフを来訪する。ところが、摂政オリガが失脚し、キリスト教を嫌うスヴャトスラフが公になったので、この伝道は失敗に終わる。いずれにせよ、このように、キエフ・ルーシ建国当初の支配層ルーシ族（ノルマン人）はキリスト教徒ではなかったのだが、周辺強国との関係を良好に保つためにキリスト教へと歩み寄ってゆく訳なのである。

その後、オリガの息子スヴャトスラフ公（在位九六四〜九七二）の頃になると、キエフ・ルーシは首長から国民までスラヴ人の国に変わっていた。スヴャトスラフはイーゴリとオリガの息子であるが、ゲルマン語系の名前を持つ両親とは違い、既にスラヴ語起源の名前を持ち、彼の世代がスラヴ人に同化していたことを強く示唆する。キリスト教に関しても、摂政オリガの時代から続くビザンツ帝国や東フランク王国などとの接触によって、徐々に浸透してきていた。年代記などによると、国民の中には個人個人でキリスト教の洗礼を受ける者も出始めていたのである。一方、交易に携わるような者の間には、ギリシア語、ラテン語、フランク語など、より経済が発展した社会の言語を解する者も現れていた。さらには、建国後百年のこの時代には、キリル文字の使用が始まっていたことも、考古学の成果で示されている（たとえば、スモレンスク南郊グニョーズドヴォ古墳群で発掘された、十世紀半ばのものとされる土器片にキリル文字が記されている）。とは言え、支配者である歴代のキエフ公は、スヴャトスラフ公も含めて今なお、キリスト教徒ではなかった。

そのような中で、ビザンツ皇帝バシレイオス二世が国内の有力者の反乱鎮圧に手を焼き、キエフ公ウラジーミル（在位九八〇頃〜一〇一五）に援軍を求めてきた。ウラジーミルは援軍を送ったが、しかし、援軍の見返りだった約束をビザンツ皇帝が反故にした。そこでウラジーミルはケルソネス（クリミア半島の拠点都市）を征服して、約束を果たすように迫った。やむを得ず皇帝は、約束通り、妹アンナを嫁がせることを承知したのだが、その際に、ウラジーミルのキリスト教改宗を条件として付け加えたのである。こうして、キエフ公ウラジーミルはクリミア半島のケルソネスでキリスト教の洗礼を受けたのだった。九八九年のこととされている。『原初年代記』は、ウラジーミルがキリスト教の洗礼を受けた場所をケルソネスとしているが、キエフで九八八年に洗礼を受けたと考える研究者もいる。いずれにしても、キエフ公ウラジーミルが洗礼を受けたことをきっかけとして、キリスト教がキエフ・ルーシの国教と定められたのである。

キエフ・ルーシにおける古代スラヴ語の吸収と消滅

各地域の部族の都市国家を基盤としたゆるい連合のような形で八六二年に生まれたキエフ・ルーシも、キエフ公ヴラジーミルがビザンツ帝国と縁戚関係を結んで東方教会のキリスト教を国教と定めるような時期になると、国家として、「威信のある」言語が必要となった。そもそも、キエフ・ルーシでキリスト教が国教となったのは、九八九年にヴラジーミル公が洗礼を受けてからであるが、その当初の布教活動はギリシア語典礼に従っていた。しかし、国民の大部分はスラヴ人であり、しかもギリシア語を理解できる人は限られた少数であったため、いくら「国教」化されてもキリスト教の普及の速度は遅かった。従って、国としてキリスト教を布教するためには、スラヴ人が読めるような体系的な文字使用が必要なのである。

では、ヴラジーミル公がキリスト教を国教化した頃のキエフ・ルーシには、どのようなキリスト教文献がもたらされたのか。まず、ビザンツ帝国からギリシア語の文献が相当の分量、直接に請来されたことは確かであろう。だが、圧倒的に多くの文献は、ブルガリアからスラヴ人の言葉で書き記されたものがもたらされたと考えられており、この点で諸学者の意見は一致している。さらに、一〇一八年のブルガリア滅亡後には、多数のブルガリア人聖職者がキエフに亡命し、それとともに、スラヴ語典礼がキエフ・ルーシに広まったと考えられる。つまり、キエフ・ルーシでキリスト教が国教に定められた後、一〇三〇年頃までには相当数の古代スラヴ語の聖典がキエフ・ルーシに流入していたと考えて良いだろう。もちろん、キエフ・ルーシに住むスラヴ人の言葉と古代スラヴ語との間の差異は存在したが、異言語であるギリシア語と比べれば、古代スラヴ語の方が難なく理解できた。それゆえ古代スラヴ語は、キリスト教国家となったキエフ・ルーシの「威信のある」言語として、進んで受け入れられたのである。

一方、古代スラヴ語の文献が請来される頃のキエフ・ルーシでは、すでに国の発展に伴い、異なる地方の方言話者たちの互いのコミュニケーションを可能にする、地方ごとの方言の違いを超えた共通語のごとき言葉が誕生していた。さらにまた、スラヴ語の文献文化はまだ存在しなかったとはいえ、キリスト教国教化以前から文字が使用されていたことは疑いが無く、先の共通語のごとき言葉も筆記されていたと推測できる。しかしこれは、あくまで日常生活を行なうためのものであったろう。そのような中で、ヴラジーミル公によるキリスト教の国教化は、キエフ・ルーシでの体系的で広範な、本格的文字使用の開始を促し、単なる日常の言葉ではない、威信のある言語が求められてゆくことになる。そして、流入していた古代スラヴ語文献を踏まえつつ、キエフ・ルーシの全土にわたる超地域的で統一的な文章語が生まれることになる。ここにキエフ・ルーシの文章語が誕生して、この言語を「古代ロシア文語」（древнерусский литературный язык）と呼んでいる。しかし逆説的にも聞こえるが、これと同時に、この「古代ロシア文語」の誕生に伴って、「古代スラヴ語」は終焉へと向かうことになるのである。

この「古代ロシア文語」は、「古代スラヴ語」を核として生まれた文章語である。当時のキエフ・ルーシには既に共通語のごとき機能を担っていた、いくつかの地方にまたがる有力な方言が存在していたことは前述した。さらに、キエフの他にもノヴゴロドなどの有力都市が存在していた以上、上のような有力な方言が二つ、三つ存在したと考えられる。しかし、ここで注目すべき重要な事実は、次の点である。すなわち、上のような複数の有力方言の中から、特定の一つの方言がそのまま規範化されて「古代ロシア文語」という文章語に発展した訳ではないということである。文章語の核となったのは、ブルガリアから伝播した古代スラヴ語であったのだ。ただし、より厳密な言い方をするならば、キエフ・ルーシでは古代スラヴ語をそのまま受け継いだ訳ではなく、むしろそれとは別の、新しい文章語の構築がなされた、そして、その「古代ロシア文語」なる文章語が完成してゆく過程で、それまでの古代スラヴ語は吸収され消滅してゆくと考えることがより妥当である。

キエフ・ルーシで古代スラヴ語が「吸収され消滅してゆく」とはどういうことなのか、もう少し具体的に説明しよう。まず、キリスト教国教化前後に、ブルガリアから古代スラヴ語の文献が一気に大量にもたらされたということは上で述べた。しかし、キエフ・ルーシの中で、それら古代スラヴ語の文献を書き写したり、スラヴ語典礼を用いたりする中で、外来の古代スラヴ語は直ちにキエフ・ルーシのスラヴ語と混ざり合いを始め、その影響は音や綴りから語彙・構文法にまでいたった。その結果、短期間で、もはや本来の古代スラヴ語とは呼べぬ言葉が誕生したのである。研究者は、この言葉を指して、「古代スラヴ語のキエフ・ルーシ版地方的変種」と呼ぶが、これは、「ロシア教会スラヴ語」と呼ばれることもある。この「古代スラヴ語のキエフ・ルーシ版地方的変種」すなわち「ロシア教会スラヴ語」こそが、古代ロシア文語の実体なのであった。

このように古代スラヴ語が、元来の古代スラヴ語ではなくなり、地方的変種として生まれ変わる時、それは古代スラヴ語の消滅、終焉と言える。八六二年、コンスタンティノスとその兄メトディオスのギリシア人兄弟によってモラヴィア伝道のために考案された古代スラヴ語は、誕生の当初から地域ごとのスラヴ諸方言にとらわれない統一的な書き言葉、超地域的で規範的性格を持つ書き言葉として求められて、各地方のスラヴ人に容易に理解のできる言葉として機能していた。そしてこの言葉は、その後、モラヴィアのみならず、ボヘミア、クロアチア、マケドニア、ブルガリア、セルビア、さらにはキエフ・ルーシでもという具合に広範囲にわたって用いられた。ところが、各地のスラヴ人社会は、これまで見てきたように時と共にそれぞれ独自の歴史を歩み出す。その結果、スラヴ人の話す共通スラヴ語も居住地方ごとの差が顕著になり、十世紀には分裂に向かう。スラヴ人社会は周辺の国々からの影響を受けて、様々に分化し異なった発展を始めてゆくのである。たとえば、神聖ローマ帝国に近い西方のスラヴ人、ビザンツ帝国に近い南方のスラヴ人、そしてキエフ・ルーシのような東方のスラヴ人の間で、社会の、特に言語の在り方に関して、大きく異なるようになっていた。その差異は、かつてのモラヴィアとブルガリアの間で見られたものとは比較にならないものとなっていたのである。そもそも古代スラヴ語は、地域ごとのスラヴ諸方言にとらわれない統一的で規範的な書き言葉として構築されたのだが、広く異なる地域での使用により、その土地土地でのスラヴ人の言葉と影響を与え合うことは避けられない運命にあった。この相互の影響による変化は、各地のスラヴ人が共通スラヴ語を保つ間は、大きな問題とはならないが、共通スラヴ語が分裂、解体する十世紀以降は無視できない大きさとなる。こうして、古代スラヴ語は単一性を失ってしまい、「スラヴ人たちの使徒」の記憶が残る地域はあり続けても、言葉としての古代スラヴ語は形を失ってゆく。

単一性が失われる経緯について、もう少し説明を加えておこう。九世紀のたとえばモラヴィア国やブルガリアでの場合には、そもそもモラヴィアのスラヴ語とブルガリアのスラヴ語との差異が問題にならない程度の小ささであったので、従って、古代スラヴ語がそれぞれの土地のスラヴ語から影響を受けても、モラヴィアの古代スラヴ語とブルガリアの古代スラヴ語とは大きな差異を示さずに、どちらともに、同一の古代スラヴ語と見なせるものであった。ところが、共通スラヴ語が解体を始める十世紀以降では、古代スラヴ語で書かれた聖典を書き写して写本を作った場合、その土地その土地において異なり始めた言葉がどうしても混入してゆくので、書き写しを重ねるにつれて、本来、単一であった古代スラヴ語の形が多様化し、もはや古代スラヴ語という一つの言語と見なす事が難しくなるのである。こうしたことを踏まえて、研究者は一一〇〇年を古代スラヴ語の下限とし、それ以降の写本に見られる言語については、クロアチア教会スラヴ語、マケドニア教会スラヴ語、ブルガリア教会スラヴ語、セルビア教会スラヴ語などの名称で呼んで、区別して考えている。ただし、この下限はキエフ・ルーシに関しては適用されない。というのも、前述のように、古代スラヴ語で書かれた聖典を書き写して写本を作った場合に、土着の言葉がどうしても混入してゆくものだが、キエフ・ルーシの場合には、かなり早くからこの影響が顕著に目につき、一〇五六年～一〇五七年に成立した『オストロミール福音書』(現伝するロシア最古の写本)においてさえも、本来の古代スラヴ語の言語特徴に混じって、キエフ・ルーシの言葉の特徴(ルシズムと呼ぶ)を明らかに見ることが出来るからである。

古代スラヴ語が最も遅く伝播したキエフ・ルーシの場合は、古代スラヴ語が伝わったその段階で、既に、スラヴ語内の方言差がかなり大きくなっていた。その土地のスラヴ人の言葉と古代スラヴ語との差が問題にならないくらい小さかった九世紀末から古代スラヴ語写本の作成をしていたモラヴィア、ボヘミア、ブルガリアなどの地域と異なって、百余年後の十一世紀に初めて古代スラヴ語写本を作成し始めたキエフ・ルーシでは、古代スラヴ語とキエフ・ルーシの人々の言葉との乖離は大きなものであった。その結果、両者の相互影響も大きく、古代スラヴ語で書かれた聖典を書き写して写本を作った場合に本来の古代スラヴ語の言語特徴に混じってルシズムを明らかに見ることが出来るのは前述の通りである。それゆえ、一一〇〇年を古代スラヴ語の下限とする定義にも拘わらず、十一世紀のキエフ・ルーシの諸文献を古代スラヴ語とは認めない研究者が一般的である。

先ほど、キエフ・ルーシでは「新しい文章語の構築がなされた」と述べたが、実はこの見解はロシア文章語の歴史を振り返った研究者の視点からの意見であるということを忘れてはならない。当時のキエフ・ルーシで文字文化に携わった人々の実感はどうであったのか。たとえば、賢公と呼ばれたヤロスラフ公（在位一〇一九〜一〇五四）に関して、「書物に心惹かれ、夜も昼もしばしば本を読んでいた。多くの写し手を集め、彼らはギリシア語からスラヴの言葉に翻訳して、多くの本を書き写した」と記されている（『原初年代記』一〇三七年のくだり）。実際に聖典を前に新たな写本を書き写していた人々の気持ちは研究者とは異なり、彼ら自身は、あくまで「スラヴ人たちの使徒」メトディオスとコンスタンティノス兄弟が考案した言葉を用いて筆写していると、思っていたはずである。したがって、このようなキエフ・ルーシの写し手たちにとって「古代スラヴ語」は、けっして消滅などしていなかった。

さて、古代スラヴ語とキエフ・ルーシのスラヴ語との混淆から生まれた古代ロシア文語（＝ロシア教会スラヴ語）は、その当時のキエフ・ルーシ社会において、宗教のみならず学術や文学を含む文化全般で用いられる言葉である。従って、研究者はこれを規範化された言語であると認め、日常生活の言葉と対置された規範文章語として、古代ロシア文語と名付けたのである。なお、古代ロシア文語は教会のみならず、より多方面の公的社会で用いられたため、使用分野ごとにいくつかのレジスター的な使用相が存在する。教会関係の文献、官庁業務文の文献、（官庁業務文以外の）世俗文献というように、少なくとも三つ以上の使用相が見られる。この点でも、古代ロシア文語は古代スラヴ語とは大きく異なっているのである。

最後に文字について補足すると、キエフ・ルーシにもグラゴール文字は伝えられた。ただし、古代スラヴ語がブルガリアからキエフ・ルーシへと伝播した時には既にキリル文字の時代になっていたため、キエフ・ルーシでは、もっぱらキリル文字で文献が作られた。グラゴール文字の知識はあったが、それで記された文献が作られることはなかった。

十一世紀キエフ・ルーシの写本

キエフ・ルーシにおけるキリスト教国教化以前の文字使用は疑いが無い。その文字がキリル文字だったことも確実で、スモレンスク南郊グニョーズドヴォ（Гнёздово）古墳群発掘の壷の文字列（十世紀中葉と考えられる）からも、そのことがわかる。間接的ではあるが重要な証拠として、ルーシがビザンツ帝国との間に結んだ条約がある（最も早いものでは九〇七年に条約を結んでいる）。キエフ・ルーシのごく初期にあっては、キエフ公の宮廷出入りの商人や渡来の外国人が臨時の祐筆のような役割を演じたかもしれないが、その際に彼らの用いた言葉と文字とは想像の域を出ない。しかし、キリスト教国教化に象徴される時期以降は、間違いなく、キリル文字で表されたロシア教会スラヴ語が「古代ロシア文語」の機能を果たした。本文にも述べたように、キリスト教が国教化されたキエフ・ルーシにブルガリアから古代スラヴ語とそれで書かれた文献が大量にもたらされた。しかし、その古代スラヴ語は、直ちにこちらの土地の話し言葉に強く影響を受け始め、研究者たちの定める一一〇〇年以前の段階であっても、もはや古代スラヴ語とは呼べぬ言葉に変化した。それが、古代スラヴ語のロシア版の地方的変種、すなわち、ロシア教会スラヴ語であった。

かつてブルガリアでシメオン自らが率先して取り組んだのと同様のことが、キエフ・ルーシでも生じた。賢公と渾名されたキエフ公ヤロスラフ（在位一〇一九～一〇五四）は、『原初年代記』

の一〇三七年のくだりで、「書物に心惹かれ、夜も昼もしばしば本を読んでいた。多くの写し手を集め、彼らはギリシア語からスラヴの言葉に翻訳して、多くの本を書き写した」と記されている。実際に彼の許で仕事できた写字生は二十人足らずだとされ、また、彼が写させたり、あるいは、買ったりして、手にした書物は五百冊ほどだった。だが、当時の西ヨーロッパの比較的重要な教会でも、二百ないし三百冊の蔵書数だったことを踏まえれば、ヤロスラフ賢公の写字生団と蔵書は大変なものであったことが理解される。なお、キエフでは十一世紀までに二十の教会と十九の修道院が建てられ、同じ時期にノヴゴロドでは、三つの教会と一つの修道院が建てられた。そこでも、多くの写本が作成された。その内のいくつかは現存するのだが、研究者の視点から分類すると、古代スラヴ語の写本ではなくて古代ロシア文語（ロシア教会スラヴ語）の写本とされてしまうのである。

十一世紀のキエフ・ルーシの写本としては、約三十点が現存している。以下に重要なものを紹介する。

（一）『オストロミール福音書』

二九四葉。三十五センチ×三十センチ、二欄。色彩豊かな装飾画や飾り文字を有する豪奢な本である。キリル文字で書かれたアプラコス（典礼用福音書抜粋集）である。現存するロシア写本で年代の記入された最古の写本で、一〇五六年から一〇五七年にかけて、四名の写字生が携わりブルガリア伝来の原典（これは現存していないし、また、特定もされていない）から作成された。ノヴゴロド市の長官オストロミールのために作成されたもので、第二九四葉に写し手の一人である輔祭グリゴーリーが経緯を記している。ただし、作成の場所は、キエフかノヴゴロドか、あるいは他の場所か、不明である。

この写本は、エカテリーナ二世の死後、一八〇五年に遺品の整理中に見つかった（かつて、一七〇一年、モスクワのクレムリンにあったと言われ、その後、一七二〇年にペテルブルグにもたらされた）。一八〇六年にアレクサンドル一世の許に運ばれ、その命令で公共図書館（Публичная библиотека）に収蔵された。ロシアで最初のスラヴィスト（スラヴ学専門家）、ヴォストーコフ（一七八一～一八六四）は、『オストロミール福音書』の言葉を、対応するポーランド語の言葉と比較することによって、古代スラヴ語の鼻母音の音価を確定した。また、彼は『オストロミール福音書』を一八四三年に出版した。研究書として模範的な出版で、今日でもその価値は失われていない。

第二葉から二十四葉までの写し手は、キエフ・ルーシの言葉の特徴を随所に残している。他方、第二十五葉から最後までの写し手（輔祭グリゴーリー）は、古代スラヴ語により忠実に書き写している。残りの二人は表題や献詞などに携わっている。古代スラヴ語の研究者には輔祭グリゴーリーの部分が貴重だが、ロシア語史の研究者には、実は、一人目の写し手の部分が重要な資料となるのである。いずれにせよ、作成の年代も分かり、非常に重要な写本である。

（二）『アルハンゲリスク福音書』

一七八葉。二十センチ×十六センチ。キリル文字で書かれたアプラコス（典礼用福音書抜粋集）である。一七八葉の内、第一七七葉（表）までが一〇九二年の作成で、この部分に三名の写し手が携わる。第一葉から七十六葉まで（名前未詳）、第七十七葉から第一七五葉までのミチカ、最後に第一七五葉から一七七葉（表）までの某司祭による部分である。最後の第一七七葉（表）に写し手の「罪のある司祭（名前は未詳）」が年号を記載している。この写本は、アルハンゲリスク県の農家のリフォーム時に発見され、一八七七年に一人の農民がモスクワにもたらしたと伝えられている。現在はロシア国立図書館の所蔵となっている。

最初の部分は、『オストロミール福音書』と同様にブルガリア伝来の原典（やはり現存せず、特定もされていない）から作成された。一方、ミチカが写した部分の原典は、既にキエフ・ルーシにおいて、一度、ブルガリア伝来の本から書き写された本（これも現存せず）を典拠にして作成されたと想定されている。このことは、キエフ・ルーシでの文献文化の発達と写本の蓄積が進んだことを示していると考えられる。ただし、作成の場所は、キエフかノヴゴロドか、あるいは他の場所か、不明である。

(三)『スヴャトスラフの文集一〇七三年』

二六六葉。三十四センチ×二十五センチ、二欄。色彩豊かな装飾画や飾り文字を有する豪奢な本である。キリル文字で、二人の写字生が一〇七三年にキエフで作成した。第二六三葉（裏）に二人の内の責任写字生と思われる書記イオアンの跋文が記されている。そこでこの文集がスヴャトスラフ（賢公ヤロスラフの息子）のために書かれたことが示されている。

内容は、ブルガリアのシメオン（在位八九三〜九二七）の肝いりで完成した『シメオンの文集』の写本である。これは、キリスト教に限らない百科全書的な文集で、このような書物は、スラヴ人にとって初めてのものだった。自然界のことから社会や文化的なテーマまで扱ったこの本によってスラヴ人は初めてメタファーやアレゴリーなどの概念を知った（原典はブルガリアにも現存しない）。

この写本は、一八一七年に、モスクワ北西の修道院で発見されたが、総主教ニコン（在位一六五二～一六六六）の蔵書であったと言われる。現在はモスクワの国立歴史博物館にある。

この他に、『（ノヴゴロドの）月課経』（教会での朗読のために教会暦に沿って配列された形式の聖者伝）の中の九月部分（一〇九五年～一〇九六年にドムカ一人で筆写）、十月部分（一〇九六年、九月と同じドムカがほとんど一人で、ごく僅かの部分を二人目ゴロデンが写す）、十一月部分（一〇九七年に数名で筆写）の箇所がモスクワの国立歴史博物館に残されている。さらに、正確な年号は不明だが、十一世紀の写本としては、いくつかの詩篇や聖者伝、法規集なども含めて先にも述べたように約三十点残されている。ただし、いずれも十一世紀の末に近い作成だと想定されている。

第七章　古代スラヴ語の終焉とその後のスラヴ社会

古代スラヴ語の運命を左右したもの

結局、古代スラヴ語とは何であったのだろうか。振り返ってみて言えることは、次のようなことであろう。まず、古代スラヴ語とは、八六二年にコンスタンティノスとその兄メトディオスのギリシア人兄弟が考案した文章語である。スラヴ人に対してスラヴの言葉でキリスト教を布教する目的で作られたのであり、経典類を著すための文字（グラゴール文字）も新たに創り出された。そしてこの古代スラヴ語は、十一世紀末にかけて、モラヴィア国を始めとするスラヴ人の国家においてキリスト教の布教に（特に東方教会のキリスト教の布教に）用いられ続けたのである。しかし、古代スラヴ語の運命には、様々な要素が絡みついてきた。

まず第一に、布教のための言語であったこと、また当時は政治と宗教の結び付きが強かったことなどから、古代スラヴ語は政治情勢によって大きな影響を受けた。これまで見てきたように、たとえばモラヴィア国での古代スラヴ語によるキリスト教東方教会の布教は当初こそ順調な滑り出しを見せたが、国内外の政治情勢なども災いして、八八五年、メトディオスが死ぬと、古代スラヴ語もスラヴ語典礼も、無に帰してしまった。しかし、かろうじて弾圧から逃れ得た弟子たちがブルガリアにたどり着き、首長ボリスの手厚い庇護を得られたことから、古代スラヴ語もスラヴ語典礼も、ブルガリアで新たな発展を見せた。特にブルガリアでは、現地の人々にとってより親しみ易いキリル文字も誕生した。ところが、順風満帆に見えたブルガリアが思わぬ滅亡をして、ここでも、古代スラヴ語とスラヴ語典礼は衰退してしまった。だが、九八九年、キエフ公ウラジーミル（在位九八〇頃〜一〇一五）がキエフ・ルーシでキリスト教を国教化することになり、古代スラヴ語とスラヴ語典礼はキエフ・ルーシへと受け継がれた。

第二には、スラヴ人社会それ自体が多様化してゆくことの影響があった。モラヴィア、ブルガリア、そしてキエフ・ルーシと三つのスラヴ人の国が現れ、それらがビザンツ帝国や東フランク王国はじめ近隣の諸民族との接触を深めてゆく時代は、スラヴ人社会の大きな変革期だったのである。そもそも、古代スラヴ語が誕生して、その運命の盛衰が見られた九世紀末から十世紀の頃は、スラヴ人の間でも、居住地方ごとの方言差が目に付くようになった時代であった。もともと、スラヴ人には共通の言語が存在しており、その言葉は共通スラヴ語と呼ばれている。そして、それは九世紀末頃まで存在していたと言われるが、社会の変化に従って、居住地方ごとの方言差が目立つようになっていたのである。

モラヴィアでのキリスト教伝道のために古代スラヴ語が考案された時、古代スラヴ語は、地域ごとのスラヴ諸方言にとらわれない統一的な書き言葉、超地域的で規範的性格を持つ書き言葉として機能した。そしてスラヴ世界の変革がさほど進行しないうちは、古代スラヴ語も各地方のスラヴ人に容易に理解のできる言葉として機能していた。だが、やがて古代スラヴ語はスラヴ世界の広範囲にわたって用いられるようになる。すると、古代スラヴ語の地理的な拡散とスラヴ人社会の大きな変革との結果、古代スラヴ語はその土地その土地の言葉から影響され、地域ごとに変容してゆくことになる。かくして古代スラヴ語は当初の単一性を失っていった。言語研究の観点から言えば、一般に言語が言語としての単一性を失った時点で、その言語は消滅したと考えられる。従って、研究者は、この古代スラヴ語の終焉を一一〇〇年と規定している。

ただし、キエフ・ルーシの場合には、一一〇〇年以前の十一世紀の諸文献も、もはや古代スラヴ語とは見なさないのが一般的である。それは、キエフ・ルーシが古代スラヴ語の最も遅く伝播した場所であることと関係している。すなわち、キエフ・ルーシでは、古代スラヴ語が十世紀末年に伝播したのであるが、その直後からキエフ・ルーシのスラヴ語との混淆が起こり、十一世紀初頭の三十年余りの間に現代の研究者が「ロシア教会スラヴ語」と呼ぶものが生まれたのである。このロシア教会スラヴ語は、キエフ・ルーシ社会で宗教のみならず文化一般にわたって規範文章語として使用されたため、「古代ロシア文語」と呼ばれることも多い。つまり、言葉としての古代スラヴ語は、キエフ・ルーシへ伝播した直後からキエフ・ルーシの言葉と深く混ざり合って、もはや「古代スラヴ語」とは呼べないものへ、すなわち「古代ロシア文語」へ生まれ変わったのである。

こうして、スラヴの言葉によるキリスト教布教のためにギリシア人兄弟メトディオスとコンスタンティノスが考案した「古代スラヴ語」はキエフ・ルーシで現地のスラヴ語の影響を強く受けた結果、「古代ロシア文語」へと進化し、このことがキエフ・ルーシにおいては、スラヴ語典礼、さらには、東方教会のキリスト教の教えの普及に益々大きく貢献してゆくのである。

古代スラヴ語が消え去ったモラヴィアでは

キエフ・ルーシ以外の地域では、古代スラヴ語やスラヴ語典礼はどうなってゆくのだろうか。古代スラヴ語が誕生して、盛衰する九世紀末から十世紀の頃、スラヴ人の国々も同様に盛衰を辿る。すなわち、古代スラヴ語の運命はスラヴ人国家の盛衰と連動しているのである。

モラヴィア国は最盛期には今のチェコのみならず、スロヴァキア、ポーランド、ハンガリー、オーストリアの一部をも版図に加えた時もあったが、メトディオスの死去（八八五年）から間もない九〇〇年、マジャール人によって滅ぼされてしまう。マジャール人とは今日のハンガリー共和国の中心となる人々の祖先で、東方からの民族移動の最後の大波であった。こうして、メトディオス死去直後のローマ教皇ステファヌス五世によるスラヴ語典礼の禁止に加えて、九〇〇年のマジャール人によるモラヴィア国滅亡によって、モラヴィア地方での古代スラヴ語の伝統が潰えた。また、その後のモラヴィア地方は西隣のボヘミア（今のチェコ西部）の支配下に置かれた。そのボヘミアにはメトディオス、コンスタンティノス兄弟の弟子の一部が逃れて、サーザヴァ修道院を中心に古代スラヴ語の伝統が守られた。幸いにもそれを可能にした理由は、メトディオスの死後にスラヴ語の「典礼」は禁止されてしまったのだが、スラヴの文字（グラゴール文字）を用いた文献作成までは禁止されていなかったことにあった。だがボヘミアでも、ローマ教会のみならずボヘミア内のラテン語擁護派からの弾圧が強まった。もはやスラヴ語典礼禁止は当然のこと、スラヴ語の文字の使用にまで圧力が加わった。なぜなら、ボヘミアを治めていたボレスラフ一世が九五〇年に東フランク王オットー一世に敗れて東フランク王国の支配下に入り、ボヘミア地域は、いわゆる神聖ローマ帝国の一部に組み込まれてしまったからである。典礼も、当然、ラテン語典礼が用いられたのだった。一〇九七年、最終的にサーザヴァ修道院が弾圧されて、ラテン語の修道院となってしまうに及び、コンスタンティノスと兄メトディオスの「スラヴ人たちの使徒」の働きは完全に失われてしまった。

ボヘミア、モラヴィア、スロヴァキアの地域に関して、さらにその後の歴史を辿れば、プラハのカレル大学創立（一三四八年）に見るように、十四、十五世紀は、いわゆる古代チェコ文学が開花し、一般的な文化の世界で使う文章語としてはチェコ語が認められていた。しかし、その反面、常にドイツ化の波に脅かされていた。すなわち、チェコ語は、フス戦争（一四一九～一四三六）などを契機に衰退を兆し、一六一八年のハプスブルクのカトリック軍の勝利から十八世紀末の「文芸復興」までの間、チェコ語の社会的な地位は失われていたのである。他方、スロヴァキア地域は、長くマジャール人に支配され続け、キリスト教の典礼も西方教会のラテン語典礼であった。以上のように、ボヘミアでもモラヴィアでもスロヴァキアでも、古代スラヴ語典礼は受け継がれずに途絶えてしまった。

長い間スロヴァキア地域を支配したマジャール人について簡単に振り返っておく。マジャール人はフィン・ウゴール系の言葉を話し、ウラル山脈あたりから出て来て、九世紀末までには黒海の北部へと移り住んだ。九世紀の末、ペチェネグ人（チュルク系の遊牧民）とキエフ・ルーシの争いの圧力を受けて、ドナウ川河口のあたりまで押し出された。その後、ビザンツ帝国の蛮族対策に利用されるなどした後、カルパチア盆地に落ち着く。この頃、マジャール人は三万人規模の集団だった。ブルガール人やスウェーデンからのルーシ人と異なり、この人数の大きさが土着先の他民族に吸収されずに建国出来た理由の一つかも知れない。そして、九〇〇年、モラヴィア国を滅ぼしてさらに西への拡大を目指すも、九五五年、東フランク王国に大敗して、その後はカルパチア盆地を拠点に国造りに邁進する。マジャール人はビザンツ帝国との勢力関係を慮って東方教会を受け入れる可能性もあったのだが、九七五年にフランク教会を通じて西方キリスト教を受け入れた。このようにマジャール人が西方教会のキリスト教を受け入れ安定した国造りを進めることは、スラヴ人の分断を促進することとなった。そもそも、六世紀の半ば過ぎには西進するアヴァール人に引き従えられて来たスラヴ人が各地に広がり、そのため大量のスラヴ人がフランク王国の東部辺境に接する地域やバルカン半島にまで流れ込んだのだった。そしてスラヴ人は、これらの地域にその後も住み続けていたのだったが、十世紀にマジャール人がカルパチア盆地に建国したことで、モラヴィア地方のスラヴ人とバルカン半島のスラヴ人とが分断されてしまった。その結果として、スラヴ人の社会の分裂、分化を加速化させたのである。

最後に、スラヴ人の国でありながら古代スラヴ語の影響がほとんど無かったポーランドについて一言だけ述べる。現在のポーランドに当たる地域では、南部のクラクフあたりが、九世紀後半に一時的にモラヴィア国に組み込まれたが、その後は、ボヘミアに支配されていた。このボヘミアの影響下でポーランドが建国された。ピャースト朝のミェシュコ一世（在位九六〇?～九九二）が、ボヘミアのボレスラフ一世の娘ドブラヴァとの結婚で権威を得て、また、キリスト教も受け入れている（九六六年）。ミェシュコ一世は、ローマ教皇と神聖ローマ帝国との勢力争いの中で、巧みに立ち回り、十世紀の末に、自領をローマ教皇の保護下に組み込む。さらに、バルト海沿岸のポメラニアも征服し、シレジアも手に入れるなど、国力を伸ばす。しかしながら、オーデル川の西側にいたスラヴ人は、ドイツ人の世界に組み込まれることとなる。ポーランドは、その後、十四世紀には東方に進出して、リトアニアと手を結んで、チュートン騎士団の脅威に対処した。十四世紀末には、ポーランドとリトアニアが、事実上、一つの国になっていた。この頃まで文化の言語はラテン語で、ポーランド語は、社会的には、話し言葉の扱いだった。十六世紀になると、印刷術や学校教育の普及で、ポーランド語の社会的地位も上昇するが、十七世紀半ばには、再びラテン語の使用が盛り返してしまうのである。このように、十世紀後半にボヘミア経由で西方教会のキリスト教を受容したポーランドでは、そもそも古代スラヴ語の影響が及ばなかった。

古代スラヴ語が消え去ったバルカン半島では

バルカン半島では、六世紀の半ば過ぎ、西進するアヴァール人に引き従えられて来たスラヴ人が大量に流れ込んだ。七世紀、ビザンツ皇帝ヘラクレイオスは、それらスラヴ人の一部を懐柔して対アヴァール人政策に取り込んだ。これらのスラヴ人が、現在のベオグラード付近とサヴァ川南岸とに定着して、それぞれ、後のセルビア人およびクロアチア人の先祖となった。

セルビア人は、長く部族を単位に割拠していて、ビザンツ帝国あるいはブルガリアの支配下に置かれていた。十一世紀中葉、ヴォイスラフを中心にゼータ王国を建国するも十二世紀初頭には滅んでしまう。ようやく十二世紀後半、ラシカを首都としてステファン・ネマニャがセルビアのほぼ全土を統一した。セルビア内陸部はビザンツ帝国の教会の影響下にあり、他方、アドリア海沿岸部はローマ教会の重要な布教地で、セルビアは東方教会と西方教会の勢力争いの場であった。セルビアは最終的に東方教会に留まり、スラヴ語典礼を受け継いでゆく。この時、セルビアには、ブルガリアを経由して古代スラヴ語が伝播し、スラヴ語典礼が受け継がれていった。その過程で古代スラヴ語はこの土地のセルビア人の言葉と混淆し、セルビア教会スラヴ語へと生まれ変わった。後にイスラム教のオスマン帝国の支配が始まると、このセルビア教会スラヴ語で育まれた文献文化や人材が、モスクワ大公国に流れて行くことになるのである。セルビアは十四世紀のステファン・ドゥシャン時代には大いに勢力を伸ばしたが、その後、急速に衰え、ビザンツ帝国滅亡直後からオスマン帝国の支配下に置かれてしまった。

クロアチア人も、セルビア人と同様、アヴァール人に引き従えられてバルカン半島に定着したスラヴ人だが、アヴァール人支配の崩壊後はフランク王国の中に組み込まれてしまう。そしてクロアチア地域は小領主分立のような状況であった。その後、最初のクロアチア王トミスラフ（在位九一〇〜九三〇）がアドリア海から内陸部まで支配する。しかし、十一世紀末、クロアチアはハンガリーに飲み込まれてしまう。このようにハンガリーの支配下に置かれた結果、概してクロアチアの地域は西方教会のキリスト教に従い、古代スラヴ語の影響は及ばなかった。ただし、既に第五章でも触れたが、クロアチアの中で、特に注目すべき地域がある。それはアドリア海沿岸のダルマチア地方である。ダルマチア地方では、九世紀末にグラゴール文字とスラヴ語典礼が導入されて以来、細々と古代スラヴ語の命脈が保たれたのである。特に一部の島々の修道院では、ローマ教会の典礼をグラゴール文字とスラヴ語で書き表し、それが二十世紀初頭まで用いられ続けた。

ダルマチアを含むバルカン半島北西部は、元来、西方教会のローマ教会の地盤であった。しかし、ダルマチアから内陸に入った地方は、ゲルマン民族大移動から後、ローマ教会の布教が出来ない時期が続いていた。その頃から、このバルカン半島内陸部の布教をめぐって、ローマ教会、ビザンツ帝国・東方教会、さらには西方教会のフランク教会の間で熾烈な争いがあった。九世紀半ば過ぎ、メトディオス、コンスタンティノスのギリシア人兄弟の活動の頃のモラヴィア、パンノニア、さらにブルガリアでの出来事も、全ての根源はこのバルカン半島内陸部の管轄権争いに起因する。ローマ教会は、バルカン半島内陸部の支配を狙ったが、結局、全て失敗した。ブルガリアは東方教会に留まることで決着し、モラヴィアとパンノニアはフランク教会の管轄下に入った。ただし、ビザンツ帝国領ダルマチアを除く、アドリア海沿岸のダルマチアではローマ教会の勢力が保たれた。

最後にブルガリアの話題に戻ろう。第六章でも触れたようにブルガリアは一〇一八年にビザンツ帝国に征服されて滅亡したのだが、一一八七年、ビザンツ帝国の弱体化の隙をついて、第二次ブルガリア帝国が誕生した。首都は、バルカン山脈の北のタルノヴォだった。イスラム教のオスマン帝国に征服されるまでの約二世紀の間、国内のボゴミール派異端、国外の十字軍、ドイツ、ハンガリーなどからの圧力にさらされつつ、この帝国が存続する。首都タルノヴォでは、古代スラヴ語と当時のブルガリアの言葉のハイブリッドな言語であるブルガリア教会スラヴ語が生まれていて、それを用いて写本の作成や著作活動も盛んに行なわれていた。その後、十四世紀後半からのオスマン帝国支配の進行や一四五三年のビザンツ帝国崩壊などの後には、前述のセルビアと同様に、人材も文献も、モスクワ大公国へと流れて行く。これは、ロシアでは「第二次南スラヴの影響」と呼ばれる文化史上の特筆すべき出来事となる。ちなみに、第一次は、キエフ・ルーシのキリスト教国教化の時期におけるブルガリアからの古代スラヴ語とスラヴ語典礼の伝播を指す。

古代スラヴ語の終焉？

以上に述べてきたように、政治的な権力や国の基盤は、文章語の盛衰と大いに関係がある。なぜなら、文章語は権威や規範を国民に広めるために機能する言葉だからである。実際、古代スラヴ語の盛衰の動きはその国の教会でスラヴ語の典礼が用いられるか否かという問題と連動する。それは結局、その国がキリスト教国か否かとか、東西どちらの教会とより強く結び付くのかなどという政治的側面を強く持つ問題なのである。従って、古代スラヴ語の盛衰も、その後のそれぞれのスラヴ人が用いた文章語の盛衰も、スラヴ人の国家の盛衰と切り離して考えることは出来ないのである。

他方、古代スラヴ語の「終焉」とは、スラヴ語の典礼が使われなくなったという意味ではない。古代スラヴ語の「終焉」とは、あくまで現代の研究者が、研究者の視点で設定した区切りのようなものだ。先にも触れた通り、聖典を書き写して写本を作った場合、その土地の土着の言葉がどうしても混入する。共通スラヴ語が解体する十世紀以降になると、古代スラヴ語で写本の書き写しを重ねるにつれて、その土地の言葉が混入し、本来、単一であった古代スラヴ語の形が崩れ、同一言語と見なす事が難しくなるほど多様化するのである。このようなことから、研究者は一一〇〇年を古代スラヴ語の写本の下限（つまり、一一〇〇年より後の写本は古代スラヴ語とは見なさない）としているのである。現代の研究者にとっては、ここが古代スラヴ語の「終焉」となるわけである。しかし、それでは、実際に聖典を前に新たな写本を書き写していた人々の気持ちは、どうであったのだろうか。それは、研究者とは異なるものであろう。彼ら自身は、あくまで「スラヴ人たちの使徒」メトディオスとコンスタンティノス兄弟が考案した「古代スラヴ語」を用いて筆写していると、一一〇〇年以降も思っていたに違いない。古代スラヴ語という名称は、スラヴ人の文章語の歴史を俯瞰した研究者がつけたものに過ぎないのであり、この写し手たちにとって古代スラヴ語は、けっして消滅などしていなかったのであった。

古代スラヴ語で書かれた資料

第三章でも述べたように、メトディオス、コンスタンティノス兄弟は、モラヴィア国に滞在中、福音書と詩篇を古代スラヴ語に翻訳した。福音書は、モラヴィアへ発つ前に典礼用の抜粋を完成させ、モラヴィアでは四福音書を完訳した。さらに、使徒の書からの典礼用抜粋や、その他の部分も補った使徒の書の古代スラヴ語訳も作り、また、旧約聖書のほとんど全て、その他、教父たちの著作まで古代スラヴ語に翻訳した（『メトディオス伝』十五章の記事による）。しかし、兄弟によるこれらの翻訳は失われてしまった。古代スラヴ語の資料で、現在、残されているものは、一一〇〇年以前にマケドニア地域（オフリドのあったブルガリア西部）やブルガリア、セルビアなどの地域で書き記された限られた数の写本のみである。その上、どの写本も欠けた部分を含んでいるのである。一部分が欠けていたり、あるいは、後世に筆写された部分を含んでいたりするので、注意が必要なのである。以下に、その中から重要なもののみを紹介する。なお、石碑の碑文や教会の壁などに書かれた文も存在するが、ここでは文献学の観点から写本のみを挙げる（研究者の名前などについては第九章を参照）。

（一）『ゾグラフォス写本』

写本全体は後世の部分も含み三〇四葉から成るが、その内の古代スラヴ語のテクストは二七〇葉で、グラゴール文字で書かれている。内容は、四福音書。ただし、マタイ福音書三・一一の途中までが欠けている。その他にも多くの葉が失われている。定説では、十一世紀初、ブルガリア西部で作成されたと考えられている。アトス山のゾグラフォス修道院（第九章のコラム）にあったが、一八六〇年、そこからロシア皇帝アレクサンドル二世に献呈された。

（二）『マリア写本』

写本全体の古代スラヴ語テクストは一七三葉から成る。その内の二葉はウィーンにあり『ミハノヴィチ断片』と呼ばれ、残りの一七一葉がモスクワにある。グラゴール文字で書かれた四福音書である。ただし、マタイ福音書五・二三までが欠け、ヨハネ福音書二十一・一七以下も欠ける。他にも葉が失われたままの箇所がある。定説では、十一世紀初、ブルガリア西部で作成された。一八四五年、アトス山の聖母マリア修道院でグリゴローヴィチが発見した。なお、前述のような欠落の他にも留意点がある。たとえば、ヨハネ福音書の冒頭から一・二三初めまでは、十四世紀後半の写本（一葉）で補われている点などである。

（三）『アッセマーニ写本』

一五八葉。内容は、グラゴール文字で書かれたアプラコス（典礼用福音書抜粋集）である。十一世紀半ば、ブルガリア西部で作成というのが定説である。一七三六年、ヴァチカンの東洋学者アッセマーニがエルサレムで発見してローマにもたらした。

（四）『サヴァの本』

古代スラヴ語のテクストは、第二五葉から第一五三葉までと第一六六葉の合計一三〇葉である。元来は二〇〇葉ほどの分量だったが、現存するのは一六六葉のみ。古代スラヴ語以外の部分は、それぞれ十一世紀末（十二葉）と十三世紀末（二四葉）の中世ロシアの写本が補われている。キリル文字で書かれたアプラコス（典礼用福音書抜粋集）である。定説では、十一世紀半ば、ブルガリア東部で作成され、後に中世ロシアの或る修道院（プスコフあたりの）にもたらされたと推定されている。一八六六年にモスクワの印刷所図書館でスレズネフスキーが発見した。写本に残された写し手の名前（司祭サヴァ）から写本が名づけられた。

（五）『シナイ詩篇』

古代スラヴ語テクストは二〇九葉である。一七七葉は一八五〇年に、三十二葉は一九七五年（一九六八年説もある）に発見された。グラゴール文字で書かれた詩篇で、ほぼ全編が残っている。定説では、十一世紀半ば、ブルガリア西部で作成とされる。一八五〇年、シナイ半島の聖カテリナ修道院（第九章のコラム）で、ロシアの大修道院長ポルフィーリー・ウスペンスキーが発見し、現在も同地にある。

（六）『シナイ祈祷書』

古代スラヴ語テクストは一三七葉（一〇九葉は一八五〇年に、二八葉は一九七五年に発見された）。グラゴール文字で書かれた祈祷書だが、原写本は、もっと大部な本だったと言われる。十一世紀半ば、ブルガリア西部での作成とされている。一八五〇年、発見の経緯は（五）と同じだが、ただし、最初に発見された中の四葉のみ、ロシアにある。

（七）『クローツ文書』

現存の古代スラヴ語テクストは十四葉（十二葉はイタリアのトレントに、二葉はオーストリアのインスブルックにある）。グラゴール文字で書かれた説教集である。原写本は、相当な大部の本だったと言われる。定説では、十一世紀、ブルガリア西部の作成である。まずコピータルが十二葉をトレントのクローツ伯爵の蔵書から発見して一八三六年に出版した。その後、コピータルの弟子ミクローシッチも二葉をインスブルックのチロル州立博物館（通称フェルディナンデウム）で発見した。

（八）『スプラシル写本』

二八五葉（一一八葉がスロヴェニア共和国のリュブリャナに、十六葉がサンクトペテルブルクに、一五一葉がワルシャワにある）。キリル文字で書かれている。内容は、聖者伝を教会暦に沿って月毎に編んだ「聖者伝集成」の三月の部分が残されている。定説では、十一世紀、ブルガリア東部での作成と推定されている。一八二三年、ポーランド東部ビャウィストク近郊スプラシルのバシリウス派修道院で発見された。

（九）『キエフ断片』

七葉から成るグラゴール文字の写本である。内容は、西方教会方式のミサ書の断片である。定説では、古代スラヴ語の写本の中で、現存する最古の写本で、十世紀のものと考えられている。また、その内容と言葉の特徴から、モラヴィアでラテン語から古代スラヴ語訳されたと言われている。一八七四年にキエフでスレズネフスキーが発見した。

（十）『エニナ・アポストル』

三九葉。キリル文字で書かれた、使徒の書からの典礼用抜粋。定説では、十一世紀、ブルガリア東部での作成とされる。一九六〇年、カザンリュク（ブルガリア）近郊エニナ村の教会で発見された。ただし、損傷が激しい写本である。

（十一）『オフリド断片』

二葉。グラゴール文字のアプラコス（典礼用福音書抜粋集）の断片。十一世紀、ブルガリア西部で作成されたと言われる。一八四五年、オフリドでグリゴローヴィチが発見し、現在はオデッサにある。損傷が激しい写本である。

（十二）『ウンドーリスキー断片』

二葉。キリル文字のアプラコス（典礼用福音書抜粋集）の断片。定説では、十一世紀末、ブルガリア東部で作成された。一八四五年、愛書家ヴゥコール・ウンドーリスキーの蔵書となり、現在はモスクワにある。

（十三）『ヴァチカン・パリムプセスト・キリル・アプラコス』

九三葉。キリル文字で書かれたアプラコス（典礼用福音書抜粋集）である。十一世紀半ば、ブルガリア東部での作成と考えられている。この写本について、表面には十二世紀か十三世紀のギリシア語テクストが記されたパリムプセスト（一六三頁参照）であることはつとに指摘されていたが、ニコロプーロス（P. G. Nikolopoulos）により、この羊皮紙写本に最初に記されたテクストはスラヴ語であることが発見され、一九八二年、クルスタノフ（T. Кръстанов）が学界に報じた。なお、羊皮紙がパリムプセストとして再利用された結果、元の古代スラヴ語テクストにおける葉の順番が乱れている。

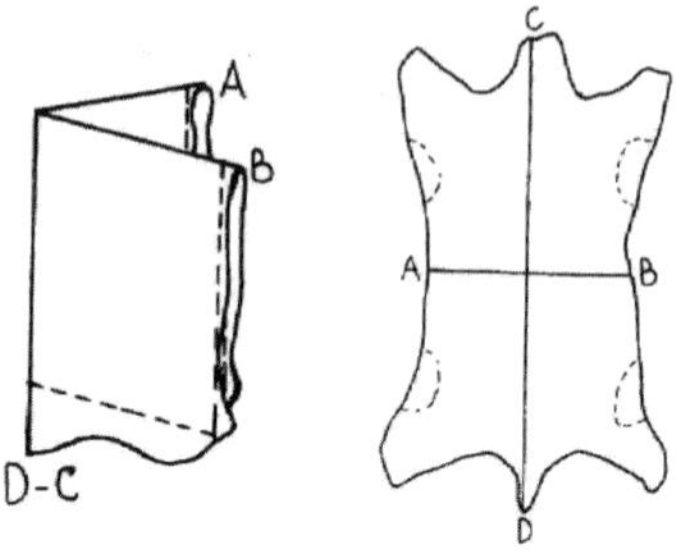

クォート（四つ折り判）*Столярова Л. В., Каштанов С. М.* Книга в Древней Руси (XI – XVI вв.). М., 2010.　55頁より。

＊これら諸写本は、どれも羊皮紙の写本である。内容が聖書の場合は、およそ二十センチ×十五センチの「四つ折り判（クォート）」が普通で、『シナイ祈祷書』や『キエフ断片』などでは、およそ十五センチ×十センチの「八つ折り判（オクターヴォ）」となる。一方、『スプラシル写本』のような説教集の類では、およそ三十センチ×二十五センチの「二つ折り判（フォリオ）」になる（第三章のコラムも参照）。

これらの写本のより詳しい情報（所蔵先や刊行テクストなど）は、左記の二書を参照されたい。また、今日、各国の研究機関などによるウェブ上での写本の公開も徐々に進んでいる。

Сводный каталог славяно-русских рукописных книг, хранящихся в СССР. XI – XIII вв. М., 1984.

Schaeken J., Birnbaum H., *Altkirchenslavische Studien I, II*, München, 1997-1999.

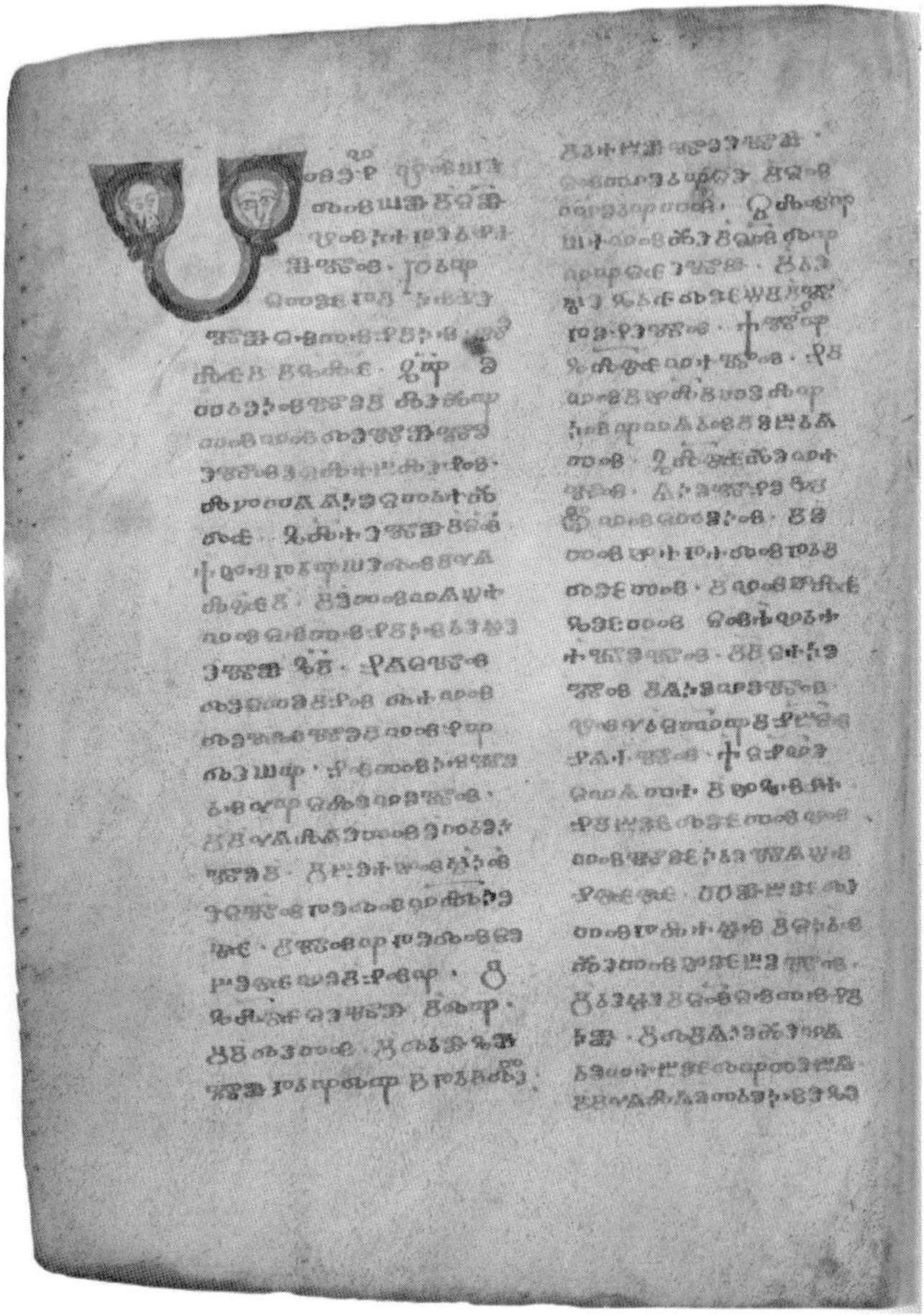

『アッセマーニ写本』(第 37 葉裏面):マタイ福音書 8.5-13

В. Иванова-Мавродинова, А. Джурова, Асеманиевото евангелие. Старобългарски глаголически паметник от X век. Художествено-историческо проучване. Наука и изкуство, София, 1981.

c Matouš 8. Въ он 5. Бъше
дъшоу исоу
въ каперна
оумъ · При
стѫпи къ не
моу сътьникъ · мо
лѧ и 6. и глѧ · Ги о
трокъ мой лежи
тъ въ домоу мо
емъ ослабленъ ·
лютѣ ѣко страж
дѧ · 7. гла емоу исъ
азъ пришедъ ицѣ
лѭ и · 8. и отъвѣща
въ сътьникъ рече
емоу ги · Нѣсмъ
достойнъ да въ
домъ мой вън
деши · нъ тъкъмо
рьци словомъ ·
и ицѣлѣетъ отрок
мой · 9. ибо азъ чкъ
есмъ подъ влдко
ѭ · имы подъ со
боѭ воины · И
глѭ семоу иди ·
и идетъ · и дроугоу
моу приди и придетъ:

d и рабоу моемоу ·
сътвори се и съ
творитъ · 10. Слы
шавъ же исъ ди
ви сѧ емоу · и ре
че грѧдѫщиимъ
по немъ · Амин
глѭ вамъ · Ни
въ изли толи
кы вѣръи обрѣ
тъ · 11. Глѭ же ва
мъ · ѣко мнози
отъ въстокъ · и о
тъ западъ при
дѫтъ · и възлѧ
гѫтъ съ авра
амомъ · и исако
мъ иѣковомъ ·
въ црствии нбсь
нѣамъ · 12. А снве
свѣта изгънани
бѫдѫтъ въ
тъмѫ кромѣщь
нѭѭ · тоу бѫде
тъ плачь и скръ
жетъ зѫбомъ ·
13. И рече исъ сътьни
коу · иди ѣкоже вѣ
рова бѫди тебѣ ·
и ицѣлѣ отрокъ его

c 1 v kruzích iniciály, ozdobené barvou hnědou, zelenou, hnědočervenou a žlutou, zobrazeny hlavy Ježíšova a setníkova; 6 мо, 23 лд lig.; 21 (též **d** 6) na konci řádku není litery pro jer. — **d** 2, 3, 19 тв lig.; 7 poslední slovo bez titly; 18 нѣковомъ m. и н.

『アッセマーニ写本』(J. クルツによる活字化本)：マタイ福音書 8.5-13
(切れ目なく書かれたグラゴール文字の原典を句読点付きのキリル文字に書き直した上で、注釈を加えてある)

第八章　スラヴ人とは

スラヴ人とは

ここで、基本に立ち返り、「スラヴとは?」、あるいは、スラヴ人とはどのような民族なのかという点をまとめておきたい。そもそも「スラヴ」という言葉、たとえば、スラヴ叙事詩、スラヴ舞曲、スラヴ行進曲などに見られるスラヴとは、どのような意味を持つのだろうか。スラヴとは、或る国語辞典によれば、「ヨーロッパの東部から中部にかけて居住する、インド-ヨーロッパ語族スラヴ語派に属する民族の総称」とある。語族や語派という概念を用いたこのような定義は他の辞・事典類にも見られるが、大きな誤解を招く危惧がある。なぜなら、語族や語派とはあくまで言語学上の概念であって、民族や人種とは直接の関係が無く、両者を単純に結び付けることは誤りであり危険なことだからである。従って、「スラヴ語派に属する民族」という表現を、「スラヴ語派に属する言葉をそもそもの自らの言葉として用いる民族の総称」と改めれば、より適切である。

今日では、スラヴ語という一つの言語は存在していない。ロシア語、ブルガリア語、チェコ語というような言語的に共通点を持つ十数の諸言語がスラヴ諸語として存在しているのである。そして、これらスラヴ諸語をスラヴ語派と呼ぶ。スラヴ人とは、このスラヴ語派に属する言葉をそもそもの自らの言葉として用いる民族の総称である。また、民族の「総称」であるがゆえに、スラヴ人やスラヴ民族と言う場合には、近現代の国家が当てはまる範囲とは、きちんと対応してはいない。たとえば、一八〇〇年で考えると、スラヴ人の国家はロシア帝国ただ一つで、その他のスラヴ人はハプスブルクのオーストリアやオスマン帝国の支配下にあり、ポーランドはロシア、プロイセン、オーストリアの三国により分割されてしまっていた。そのような場合には、言語、地理的環境、そして、宗教も含んだ歴史的環境の三つの要因を踏まえた上で「スラヴ」という概念を取り扱うことが特に肝要である。

さて、言語学的には、スラヴ語派はインド・ヨーロッパ語族（印欧語族とも呼ぶ）に属する。インド・ヨーロッパ語族とは、同一系統と考えられる諸言語の集合で、ゲルマン語派（ドイツ語、英語、スウェーデン語など）やイタリック語派（イタリア語、スペイン語、フランス語など）、インド・イラン語派（ヒンディー語、ペルシア語など）はじめ多くの諸言語が属している。この諸言語は、数千年の昔においては、一つの言葉であったと考えられている。この源と考えられる言葉を祖語（ないしは共通基語）と呼ぶ。言語とは、時と共に必ず変化するものである。ましてや、その話し手の暮らす環境（地理的であれ社会的であれ）に変化が生ずれば、なおのことである。遠い過去の先史時代に存在したと考えられる印欧祖語が変化して、さらに種々の諸言語に分裂してゆく過程で、スラヴ語も誕生した。その言語をスラヴ祖語と呼ぶ。スラヴ祖語の誕生や、その早い時期での具体的な言語特徴などに関しては、三千数百年以上も昔のこととされて、推測の域を出ない。このスラヴ祖語の歴史の中で、より後の、西暦紀元前後から九世紀頃までの言葉が、特に、共通スラヴ語と名づけられている。

古代スラヴ語をめぐって、本書で述べてきたスラヴ人あるいはスラヴ民族とは、この共通スラヴ語を話していた人々である。共通スラヴ語は、もちろん、話し手それぞれの居住する地方の特色を備えてはいたが、どれも一つの同じスラヴ語であり、相違はごく細部に限られていたと研究者は考えている。まさに「共通」スラヴ語なのであったが、九世紀頃からは社会変動の影響もあって、地域ごとに言葉の変化や相違が顕著になり、ゆくゆくのスラヴ諸語への分裂の萌芽が生じた。ちょうどこのような時期に、地域ごとのスラヴ方言にとらわれない、超地域的な、統一的な規範性を有する書き言葉、すなわち文章語が誕生した。これこそが既に詳しく述べてきた古代スラヴ語であり、これはモラヴィア（現在のチェコ東部あたり）を中心としたスラヴ人の国家、すなわちモラヴィア国でのキリスト教布教のために制定されたのであった。

スラヴ祖語とスラヴ人の原郷

前項でも触れたように、全てのスラヴ諸語がここから別れて出たと推定される元の言語をスラヴ祖語（праславянский язык, Proto-Slavic）と呼ぶ。但し、文献上は何一つ残されていない。従って、現代において考察されているスラヴ祖語とは、比較言語学などのアプローチにより研究者が学問的推定に基づいて再構築した再建形である。スラヴ祖語は、紀元前二千年紀の初め頃から西暦九世紀まで存在したと考えられるが、西暦六世紀より以前は、漠然としたことしか分からない。出発点の紀元前二千年紀の初め頃というのは現在から四千年近く昔のことで、その時代のスラヴ祖語については印欧語比較言語学の枠組みの中で研究、再建されている。一方、スラヴ祖語の終わりとされる西暦九世紀というのは、スラヴ諸語グループの言語特徴の萌芽が見えてくる時期である。

文献記録のないスラヴ祖語だが、この言葉を話す人々は、どこで暮らしていたのだろうか。その決定的な答えは出ていない。上位グループである印欧祖語で話していた人々の原郷(прародина, Urheimat, ancestral home)が明らかになっていない以上、当然といえば当然である。ただ、非常に漠然とした言い方であるが、考古学や言語学など異なる諸分野での研究の総合的な検討から、ベラルーシ共和国とウクライナの国境あたりだと考えられている。

このような検討の具体例を一つだけ引こう。これは、スラヴ諸語における樹木名を考察したモシンスキ(K. Moszyński)の研究によるものである。彼は、現在のスラヴ諸語に含まれる樹木名を表す語を、その由来によって三つのグループに分類した。そして、スラヴ人がもともとどのような地域に住んでいたのかを推測した。ここでは、例としてロシア語の場合を挙げる。ロシア語に含まれる木の名称を表す語は、その由来によって次のような三つのグループに分けられる。

(一) 印欧語から継承されているもの

берёза	ясень	клён	ольха
白樺	トネリコ	カエデ	ハンノキ

（二）スラヴ語独自のもの

верба	рябина	дуб	сосна
ネコヤナギ	ナナカマド	カシワ	松

（三）借用語

бук	явор	тис	черешня
ブナ	シカモア	イチイ	セイヨウミザクラ
（ゲルマン語）	（古高ドイツ語）	（ラテン語）	（ラテン語）

　この分類と、木の生育地との関係を見ると、興味深いことが分かる。すなわち、（一）と（二）は、ヴィスワ川とドニエプル川の中流域の間の地域で生育している樹木で、他方、（三）は、ケーニヒスベルク（カリーニングラード）とオデッサを結ぶ線の東側では育たない樹木である。従って、スラヴ人の原郷は、この線より東側と推測される。なぜなら、彼らは（三）については借用語を用いているからである。すなわち、もともと（三）のグループの樹木を知らなかったと推定されるのである。

　スラヴ人の原郷については、よりポーランド寄りの地域を想定する説もあるが、現在では、ウクライナのリヴィフあたりという説が強い。漠然とした話の繰り返しになるが、オーデル川、バルト海、ドニエプル川、ドナウ川で区切られた地域であることは、間違いない。より詳しい限定は未だに論争中だが、敢えて言えば、シェンカー（A. Schenker）らの主張するように、ドニエプル川の中流域（ウクライナ北中部〜ベラルーシ南東部）となるのかも知れない。

考古学や、遺伝子レベルの研究が進む人類学の成果から、「スラヴ人の原郷がどこなのか、もっと確定的なことが言えるのでは？」と思われるかも知れない。しかし、そうではない。考えてみれば自明の通り、人類学的な特徴に基づくヒトの集団と或る言語を話すヒトの集団とは、必ずしも一対一のような対応はしないのである。また、土器の様式や埋葬の形式などの文化的な特徴に関しても同様のことが言える。異なる言語を話す別々の集団が或る同一の考古学的な文化に属する場合もありうるし、逆に、異なる考古学的な文化に属する別々の集団が、同じ言語を話している場合もありえる。同じスラヴ祖語を話した人々だといって、考古学的にも同一の文化を持っていたと即断することは出来ないのである。従って、スラヴ人の原郷を特定するためには、手探りで進むように、比較言語学的な地道な作業を積み重ねることしか方法は無いのである。

歴史に記されたスラヴ人

印欧語を話す人々の中で、歴史記述に登場するのが最も遅い民族がスラヴ人だろう。スラヴ語のスラヴの文字による史料で現存するものは九世紀半ば過ぎのものからであり、他の言語による史料でも、スラヴ人との接触の確かな記録は、六世紀より後のものからしか残っていない。そもそも、ギリシア人やローマ人の歴史家、地理学者たちの間でスラヴ人に関しての言及が遅かった。その上、歴史記述の中で、スラヴ人と思われる集団が異なった名称で指し示されたり、あるいは、一部分のグループを指す名前でもってスラヴ人全体が代表させられてしまったような、記述の不正確さも存在する。以下に、スラヴ人に対する言及や記述について、いくつかの史料の例を挙げる。

（一）スラヴ人についての言及がある最古の資料（紀元一世紀～二世紀）

大プリニウス（二三～七九）、『博物誌』

タキトゥス（五五～一二〇）、『ゲルマニア』

プトレマイオス（二世紀にアレクサンドリアで活躍）、『地理学』

これらの記述では、スラヴ人と推定される民族がVenedi（あるいはVeneti）という名前で言及されている。Venediは、カルパチアの北からバルト海に至るまでの広い地域に住んでいた、大きな民族だという言及もある。

（二）スラヴ人についてのより詳しい記述がある六世紀頃の資料

プロコピオス『ゴート戦記』（五五一～五五四）

ヨルダネス『ゴート史』（五五一）

ビザンツ皇帝マウリキオス（在位五八二〜六〇二）の著作に擬せられる『ストラテギコン』

ヨルダネスは、Antes、Sclaveni、Venetiの三つの呼び名が登場する。後二者がスラヴ人を指すことは、研究の結果からほぼ確実であると考えられている。一方で、Antesという呼び名は、七世紀のごく初めで史料から消えてしまう。このAntesという語をチュルク語起源と見なして、アヴァール人（この場合には、アヴァール人をモンゴル系ではなくチュルク系と考える）がスラヴ人に対して用いた呼び名ではないかと考える学者もいる。だが、確かなことは何も言えないのである。かつては、現代のスラヴ諸語の分布と対応するように、Venetiをチェコ語やポーランド語などを話す人々の祖先に、Sclaveniをブルガリア語やセルビア語などを話す人々の祖先に、Antesをロシア語やウクライナ語などを話す人々の祖先に結び付ける説が唱えられたこともあった。しかしながら、六世紀に、そこまでのグループ間の差異が大きくなっていただろうかという当然の疑問が湧く。さらにまた、ヨルダネスでもプロコピウスでも『ストラテギコン』でも、「SclaveniとAntesとは、言葉も容貌も生活様式も同じだ」との記述があり、上の三つの呼び名を三グループに割り振ることには無理がある。このように、六世紀頃の史料においても、やはり限られた内容しか書かれてはいないし、その正確さにも疑問が残るのである。

さらに、次の一点にも注意すべきだ。すなわち、紀元一世紀〜二世紀のタキトゥスらの記述に出るVenedi（あるいはVeneti）と、六世紀のVenedi（あるいはVeneti）とが、はたして、本当に同じ民族を指し示しているのかは、確証が無いのである。その一因は、古代における具体的な記述の乏しさにある。それに加えて、別の要因もある。それは、以下のようなことである。或る時代の或る地域に「○○」という名前の民族がいたと仮定する。その後、何らかの理由で、その「○○」民族が別の地域へと移動して去って行ってしまった。その空いて空白地帯になった場所に、まったく別の人々の集団が移住して来る。ところが、その後から来た、本来、まったく別の民族に対して、かつて過去に用いられた「○○」という名前、いわば看板がそのまま使われてしまう、という事例も考えられるのである。語弊を恐れずに言えば、「日の出荘アパート」が建ち、初めての入居者が来る。たとえば二十年後、全ての住人が入れ替わってしまっていても、そこで暮らす人々を、「日の出荘アパートの人たち」と言うことがあるように。

以上、資料からスラヴ人に対する呼び名について論じてきた。一方、スラヴ人の自称は、おそらくは、*slovéne（*は研究者が学問的推定に基づいて再構築した再建形の語であることを示す）という語である。これは、*slovéne に対応するギリシア語やラテン語の語形では、Sclaveni である。sとlの間に挿入音「c」が入った形である。*slovéne は、「分かる言葉で話す（すなわち、身内）」というような語源解釈の説も出されていて、だとすれば必ずしもスラヴ人を意味するとは限らないことになる。だが、いずれの説にも決定的な証拠が無く、よく分からないのである。

歴史に記されたスラヴ人の「国」の萌芽

結局のところ、六世紀以前は、考古学、言語学、歴史学、いろいろなアプローチで総合的に研究しても、スラヴ人に関して未だ漠然としたことしか言えない。一方、六世紀になると、異論なくスラヴ人のものと見なせる考古遺物も出現して、ようやくスラヴ人像が少しずつ具体性を帯びてくる。

その後、スラヴ人の国「サモの王国」が生まれたが、サモの王国に関する経緯は、七世紀のフランク王国の年代記作者フレデガリウス（Fredegarius）による記録が残されている。それによると、七世紀の六二三年、フランク王国生まれの商人（サモという名前で知られる）が、アヴァール人の支配下ではあるがビザンツ帝国からは遠く離れた地方に暮らすスラヴ人のところにやって来る。その彼が政治的な指導者になり、サモの王国と呼ばれる国家が誕生した。首長のサモはフランク人であったが、これが、スラヴ人の最初の国家と考えられている。領土としては、今のチェコ共和国、スロヴァキア共和国、オーストリア共和国の半分ほど、ポーランド共和国の西南端部、ドレスデンやライプツィヒあたりのドイツ連邦共和国の東南端部に渡る地域を占めたと言われる。

スラヴ人がサモを王に戴いたのは六二三年であったが、このころはまさにアヴァール人の衰退の最中であった。そもそもアヴァール人は、マウリキオス帝のビザンツ帝国に大敗を喫して以来、衰退の兆しを見せていたのである。そして六二七年、ヘラクレイオス一世（在位六一〇～六四一）のビザンツ帝国に対して、ペルシアと連携して最後の大反撃を試みるのだが、結局は失敗に終わり、退潮にさらに拍車がかかった。アヴァール人は征服したはずのスラヴ人への押さえも利かなくなり、スラヴ人が反抗を開始して服従しなくなったと、フレデガリウスの年代記にも記されている。このようにアヴァール人の弱体化に時を合わせて建国されたサモの王国であったが、サモの死（六五七年ころ）により、あっけなく崩壊してしまった。

ところで、最初のスラヴ人国家であるこのサモの王国があったのは、現在のチェコあたりからドイツ東南端にかけての地域であることは前述の通りである。ここは、後にモラヴィア国が建国される地域でもあるが、なぜこの地域なのか、という点についてスラヴ人の移動の歴史から確認しておこう。既に見てきたように、スラヴ人は、もともとドニエプル川中流域（現在のウクライナ北中部〜ベラルーシ南東部）に居住していた。六世紀に、アヴァール人（中央アジアの遊牧民）の一部が西に向かって動き出し、その結果、スラヴ人は、アヴァール人によって征服されてしまう。アヴァール人は、征服した諸々の異民族を一緒に引き連れ、ビザンツ帝国内やパンノニア（現在のハンガリーあたり）に侵入して行くのだが、その際に大量のスラヴ人がバルカン半島からパンノニア、モラヴィア等に至る広い地域に流れ込んだのだった。スラヴ人は、小さな集団で穏やかに暮らす農耕民であり、他の民族が流入して来たときでも、多くは戦うよりもその民族に付き従っていった。その異民族に従って移動し、新たに作られた国の住民となるのであった。そのような中で、モラヴィア近辺が、アヴァール人とフランク人勢力とが接する地帯となり、アヴァール人衰退の中で、六二三年、フランク人商人サモを王と戴く国が誕生したのだった。一方、バルカン半島では、ブルガール人（チュルク系の遊牧民）が、やはりアヴァール人衰退の機を捉えて侵入して来て、六八一年、ブルガリアを建国した。建国当初のブルガリアでは、ブルガール人が支配者となり、バルカン半島東北部に住むスラヴ人を服従させて国民としていた。他方で、バルカン半島内のその他の地域の大勢のスラヴ人は、生活や文化などの面で進んでいたギリシア人社会に吸収され同化して、言葉や習俗などのスラヴ民族らしさを失っていったと考えられる。さらにこれらの他に、アヴァール人が過ぎ去った後、もともとのドニエプル川中流域で農耕民として小さな集団で散居していたスラヴ人もいた。

八世紀には、バルカン半島で緊張関係を続けるブルガリアとビザンツ帝国、西方で強大化するフランク王国があり、それらによる新たな対立の流れを塞き止めるように、衰退しつつあったアヴァール人がパンノニアに立て籠もっていた。そのアヴァール人も七九六年、フランク王国により滅ぼされてしまう。この結果、九世紀に至って、それまでアヴァール人に服従させられていた多くのスラヴ人、そして、それを取り囲むフランク王国、ブルガリア、ビザンツ帝国をも巻き込んだ大きな動きが生まれてくるのは、本書でこれまでに述べてきた通りである。

現代のスラヴ諸語

現代においては、スラヴ語という名前で括られる単一の言語は存在しない。その代わりに、スラヴ祖語から枝分かれして出来上がった、いくつかの言語が存在しており、それらをまとめてスラヴ諸語と呼んでいる。

或る言語を独立した言語とするか、あるいは、それに近い言語の方言とするのかは、判断が極めて難しい場合も少なくない。そのような場合には、言語の構造そのものよりは、その言語を話す人々のコミュニティーのあり方の方が、重要な判断材料となる。たとえば、ドイツ語、オランダ語、英語は、言語の構造にのみ注目すれば、お互いにかなり近い存在である。しかしながら、それぞれの言語を話す人々のコミュニティーの有様、つまり、その歴史や現在の関係などを考慮して、別々の独立した言語と認められている。今日のスラヴ諸語では、政治や宗教などのかなりデリケートな問題が原因となり、スラヴ諸語の分類およびリストアップが難しく、必ずしも万人に受け入れられる状況ではない。

一般にスラヴ諸語は、東、西、南の三群に分類される。二〇一八年現在、以下のような諸言語が認められている。

東群

ロシア語	Russian	ウクライナ語	Ukrainian

ベラルーシ語　Belarussian

西群

チェコ語　Czech　スロヴァキア語　Slovak
ポーランド語　Polish　カシューブ語　Kashubian
上ソルブ語　Upper Sorbian　下ソルブ語　Lower Sorbian

南群

ブルガリア語　Bulgarian　マケドニア語　Macedonian
スロヴェニア語　Slovenian　クロアチア語　Croatian
セルビア語　Serbian　ボスニア語　Bosnian
モンテネグロ語　Montenegrin

東群の三言語は、言語学的には極めて似た構造を持つ。ロシア帝国から今日のロシア連邦までの主要な言語であったが、とりわけ、ロシア語が社会的な中心となる言語であった。現在でも、ウクライナ語やベラルーシ語をいわゆる母語とする話者に関しては、ロシア語とのバイリンガルである場合がほとんどである。ただし、昨今の国際情勢から、将来の動向は予測が困難である。

西群のカシューブ語は、ポーランド共和国のバルト海に面する都市グダニスク（かつてのドイツ語名ダンツィヒ）の地域の言語であるが、ポーランド語の方言と考える専門家も多い。同じく西群の上ソルブ語、下ソルブ語は、ドイツ連邦共和国ドレスデンの東、ポーランド国境に程近い地域で話される。シュプレー川（Spree）に沿って、より上流の町バウツェンを中心とするのが上ソルブ語であり、より下流の町コットブスを中心とするのが下ソルブ語である。社会的に強力なドイツ語に囲まれて、特に下ソルブ語の衰退が著しい。他方で、上ソルブ語の地域にはカトリック教徒が多く、周囲をプロテスタントのドイツ語話者に取り囲まれる中で、カトリックの上ソルブ語話者の結束が言葉の維持に良い影響を及ぼした可能性も指摘されている。これら三つの言語以外の言葉は、現在は独立した国家の国語となっている。

南群のマケドニア語、スロヴェニア語、クロアチア語、セルビア語、ボスニア語、モンテネグロ語は、いずれもかつてのユーゴスラヴィア社会主義連邦共和国の言語であった。これらの中でマケドニア語は、言語学的には、ブルガリア語に近い構造を持ち、ブルガリア人の目から見ればブルガリア語の方言であると言われる場合もある。セルビア語、ボスニア語、モンテネグロ語は、言語構造上は、極めて近い存在で、同一の言語と言っても差支えないほどである。しかし、それぞれの言語の話者のコミュニティーのあり方が異なっており、現在では別々の言語と見なされるようになった。ボスニア語話者の社会ではムスリムの人々が多く、セルビア語話者の社会ではキリスト教のセルビア正教徒が多い。他方、モンテネグロ語の地域は、険しい山々に囲まれた地域で、バルカン半島がオスマン帝国の支配を受けていた時代にも独立を保ち独自の文化・社会を築いてきた歴史を持つ特色のある地域なのである。こうして、三言語は、現在それぞれ独立した国の言語となったのである。

　上記の社会的に一定の地位が認められた諸言語とは別に、ハプスブルクのオーストリアや、プロイセン王国、オスマン帝国、さらにはロシア帝国の支配下にあった歴史の結果、現在、異言語の大海の中に小島のように取り残されてしまいマイノリティーとなった集団の話すスラヴ語系の言語もいくつか知られている。さらにまた、ポーランドのシレジア地方（シロンスク地方、シュレジエン地方）では、ポーランドとハプスブルクやプロイセンによる領有争いの歴史を経て、独自の言語文化が育ち、今日、自らの言語をポーランド語の方言ではなく独立したシロンスクの言語だと考える地域住民が多くいるような例も見られる。いずれの場合も、調査・研究が進められている途上である。

＊　＊　＊

　ここで、今日のスラヴ諸語を取り巻いて分布する他の言語の中から、特にバルト諸語について触れておきたい。その理由は、バルト諸語、中でもリトアニア語話者の社会集団が、本書で後に扱う内容と重要な関連を持つ場面があるからである。バルト諸語は、スラヴ諸語と同様に、インド・ヨーロッパ語族という同系統の言語集団の中でバルト語派として分類されている。このバルト語派は、現在用いられている言語であるリトアニア語とラトヴィア語の他にいくつかの既に消滅した言語から成り立っている。

バルト語派とスラヴ語派に属する諸言語は類似点が目立つと言われている。この顕著な類似を踏まえて、両派の関係について、バルト・スラヴ語派として一つの語派と考える研究者も存在した。しかしながら、この両者の類似については、そもそもインド・ヨーロッパ語族という同系統の諸言語である上に、両者が隣同士に隣接して分布して長い時を経てきたので、それらの示す類似は長期間の密接な接触による結果であると考える方が妥当であろう。従って、語派としても、バルト語派とスラヴ語派とをそれぞれ独立して考えることが良い。

さて、このバルト諸語の一つ、リトアニア語を話す人々の社会集団が、スラヴ人、とりわけ十三世紀以降の、東スラヴと西スラヴとの境界領域のスラヴ人社会と大きく関わってくるのである。その関わりについて、ごく簡単に述べておきたい。

まず、リトアニア人であるが、九世紀の半ば頃、ネムナス川中流域に住んでいた。ただ、明確な境界線などがあるはずもなく、ウラル語族の諸言語を話す人々やスラヴ人と混ざり合うようにして暮らしていたとされる。リトアニアは、キエフ・ルーシ（東スラヴ人の国家）が衰退した十三世紀から、急速に勢力を伸ばして、十四世紀初めにはヴィリニュスを首都にしてドニエプル川中流域までを支配するようになった。そして、十四世紀から十五世紀には、今日のベラルーシ、さらにウクライナの大部分に相当する地域をも支配する、東ヨーロッパの大国になった（リトアニア大公国と呼ばれた）。しかし、十四世紀のリトアニアの首長は、いまだキリスト教を受け入れていなかった。短期間で急拡大した領内の住民は、東スラヴ人が圧倒的に多数を占め、さらに、彼ら東スラヴ人は東方教会のキリスト教を信仰していたのであった。そのようなわけで、リトアニアの公文書はベラルーシ語の祖先とも言うべき「プロスタ・モーヴァ」（世俗語）と呼ばれるものが使われていた。この言語は、東群のスラヴ語系統の独自の書き言葉でキリル文字を用いていたのである。その後、リトアニアは、十四世紀末にポーランドとの連合国家の形成に際して西方キリスト教ローマ教会の下に入った。その結果、徐々にポーランド語使用が拡大してゆく。一六九六年には、「プロスタ・モーヴァ」は公用語としては正式に禁止され、ポーランド語が公用語となったのである。その間、リトアニア語は言わば「農民の言葉」のような扱われ方で、社会的権威を持ち得なかった。さらに、いわゆる「ポーランド分割」の結果、支配者がロシア帝国に替わった際には、リトアニア語のローマ字使用が禁止され、キリル文字が強制されたこともあった。第一次世界大戦後、独立国となってようやく、リトアニア語が公用語と認められた。このリトアニアの動きによるスラヴ社会への影響に関しては、第十一章で触れる。

第九章

十九世紀から見た古代スラヴ語

学問的な古代スラヴ語研究の始まり

近代的な学問研究としての古代スラヴ語研究は、十九世紀から始まった。

そもそも一八〇〇年当時、スラヴ民族は様々な地域に居住していたがそれらの地域の中で、唯一、ロシア帝国だけが独立国であった。その他のスラヴ諸民族は、ハプスブルクのオーストリアや、プロイセン王国、オスマン帝国、さらにはロシア帝国の支配下にあったのである。その中で、民族意識の覚醒、民族自立への希求といったことが要因となり、古い時代のスラヴ人の言語文化への研究熱が高まった。この時に始まった、言葉や文学さらに歴史までの幅広いアプローチによるスラヴ研究をスラヴ学（slavistika）と呼ぶ。

スラヴ学の開祖は、偉大なチェコの学者、ヨゼフ・ドブロフスキー（Josef Dobrovský 一七五三〜一八二九）だった。十九世紀初頭、スラヴ学は目覚ましい発達を始める。ロシア以外のスラヴ民族は独立国ではなかったが、スラヴ民族のそれぞれが学者を輩出し、彼らが、自らの言語、歴史、文学を丹念に研究し始めた。その先駆けとして十八世紀末にドブロフスキーが登場したのである。チェコ語を話す地域は、当時、ハプスブルクのオーストリアに組み込まれ政治・経済や学問の分野でドイツ語使用を余儀なくされてはいたが、社会的に、他のスラヴ人地域より進んだ発展をしていて、かつ、古い歴史と優れた言語文化を誇っていた。この地域において、まず、民族的覚醒と文章語の復興の動きが始まったことは当然と言えよう。その後、彼に続き、ハプスブルクのオーストリア領内から優れたスラヴ学の研究者が出る。スロヴェニア人のコピータル

(Jernej Kopitar 一七八〇〜一八四四)、スロヴァキア人のシャファーリク(Pavol Jozef Šafárik 一七九五〜一八六一、プラハでも活躍したので、シャファジークとも)、コピータルの弟子フラニオ・ミクローシッチ(Franjo Miklošič 一八一三〜一八九一、長くウィーン大学で活躍したので、フランツ・ミクロージッヒというドイツ風の名前でも知られる)らであった。

その当時、ロシア帝国は列強の一つであったが、文化的に後れを取っていたことは否めなかった。しかし、スラヴ人唯一の独立国ということから、ロシア帝国の役割は、いやがうえにも注目を集めた。ロシア政府は、スラヴ人唯一の独立国として、スラヴ民族の民族解放と文化復興を尊重せざるを得なかったが、同時に、その運動を自らの保守的な利益にも役立てることを目指していた。そこで、一八三三年の文部大臣ウヴァーロフの有名なスローガン「正教、専制、国民性」の下に、政府主導で上からの改革を急いだ。その一例が、一八三五年施行の新大学令に基づく、諸大学(モスクワ、カザン、ハリコフ、ペテルブルグ)での「スラヴ諸語の歴史と文学」講座の開設であった。この新しい講座には、若く有能な研究者陣が必要であったが、スラヴ学講座の主任を担えるような経験を積んだ専門家は、当時のロシアにはいなかった。そこで、ロシア文部省は、教師となるべきスラヴィスト(スラヴ学の専門家)養成のために、若く才能豊かな人々を外国に派遣することを決定した。この時に選ばれた第一期留学生については、後に再び述べる。

チェコの碩学ドブロフスキーを開祖としてスタートしたスラヴ学であるが、前述のように、彼に続きハプスブルクのオーストリア領内から優れた研究者が出ていた。一方で、ロシア帝国からの第一期留学生が帰国する一八四二年までの間、ロシアでのスラヴ学を一人で牽引したのがヴォストーコフ（Александр Христофорович Востоков 一七八一～一八六四）だった。

ヴォストーコフは、オステン＝サッケン（Остен-Сакен）男爵の庶子としてエストニア西岸バルト海のサーレマー島（エーゼル島）に生まれ、陸軍幼年学校を経て帝室美術大学で学んだ。ヴォストーコフは、大いに読書し、イタリア語を学び、フランス語の翻訳をし、詩も書いたという。彼はまた、文学とともに言語研究にも多くの時間を費やし、特に諸言語の比較と語源研究を行い、ポーランド語をはじめ幾つかのスラヴ語を独学で身に付けた。さらに、『ルースカヤ・プラウダ』、『ヴラジーミル・モノマフ公の子らへの教訓』、『ネストルの年代記』、『イーゴリ遠征物語』などの古代ロシア文語の文献の丹念な研究もしていた。一八一五年からは帝国公共図書館に勤めた。このようにヴォストーコフは、ロシア最初のスラヴィストであるが、大学という学界には属していなかった。

次に、政府主導の改革で四大学から派遣された第一期留学生について見てみよう。まず、派遣されたのは、以下の四名である。

モスクワ大学：

ボジャンスキー（Осип Максимович Бодянский 一八〇八～一八七七）

ペテルブルグ大学：

プレイス（Петр Иванович Прейс 一八一〇～一八四六）

ハリコフ大学：

スレズネフスキー（Измаил Иванович Срезневский 一八一二〜一八八〇）
カザン大学：
グリゴローヴィチ（Виктор Иванович Григорович 一八一五〜一八七六）

この人選は、大成功であった。惜しくも夭折したプレイスを除いて、彼らは皆、著名な教授となって多くのスラヴ学の担い手を育て、また、独自の研究を成し遂げ、ロシアにおけるスラヴ学の強固な土台を築いたのである。その一端を挙げると、ボジャンスキーは、チェコの進んだ研究をロシア語へと翻訳し、また、スラヴ研究の紀要の刊行を行なうなど、ロシアにおけるスラヴ学の基盤整備に大きく寄与した。またスレズネフスキーは、古代ロシア文語辞典の編集に取り組んだ（死後に出版された）が、この辞典は今日でも古代スラヴ語研究に欠かせないものとなっている。グリゴローヴィチは、やはり古代スラヴ語研究に欠かすことの出来ない極めて重要な写本をアトス山の聖母マリア修道院で発見し、ロシアにもたらした。すなわち、『マリア写本』である。

学問的な古代スラヴ語研究の深まり

古代スラヴ語について、十九世紀当時、二つの問題が研究者たちの注目を集めていた。一つは、グラゴール文字とキリル文字の関係であり、二つ目は、古代スラヴ語は、いったいどの地域のスラヴ人の言葉に基づいて考案されたのか、という事であった。いずれの問題もこれまで見てきたように、現在の我々の目からすれば明白で、解決済みの問題である。しかしながら、スラヴ学が芽生えたばかりの当時は、写本資料も少なく、解決の難しい問題なのだった。

まず、グラゴール文字とキリル文字の関係について十九世紀の研究動向をまとめると以下の通りである。ドブロフスキーは、キリル文字の方が古いと唱える。彼は、グラゴール文字は、せいぜい十三世紀にダルマチア地方で生まれたと考えていたのだった。一八三〇年代までは、彼の説が優勢であった。ドブロフスキーが参考にできたグラゴール文字文献は全て、グラゴール文字が生まれてから数百年後の時代の下った物だったので、彼が誤った結論に到達したのもいたしかたなかった。一方で、ロシアのヴォストーコフは、当時すでに、十一世紀の写本でグラゴール文字の書き込みを発見していた。だが、ヴォストーコフを継ぐロシアの学者ボジャンスキーもスレズネフスキーも、ドブロフスキーの学説の枠を越えられないでいた。

事態を動かしたのは新資料の発見であった。スロヴェニア人のコピータルは、自らが発見した極めて古いグラゴール文字文献『クローツ文書』（十一世紀）に関する研究書 *Glagolita Clozianus*（一八三六年出版）の中で、ドブロフスキーの定説を否定し、新たな説を展開した。すなわち、グラゴール文字の方がより古く、かつ、スラヴ人によって作られた文字であり、他方、キリル文字はギリシア語からの借り物だと主張したのである。しかし、それでもまだ、コピータルの説は、支持を得られなかった。ドブロフスキーの次の世代の大学者シャファジークも、グラゴール文字の方が新しいとするドブロフスキー説を奉じていたのだった（一八三七年の *Slovanské starožitnosti* 第一巻など）。

ところが、前述のロシアからの派遣留学生グリゴローヴィチが、十一世紀初頭のグラゴール文字文献（『マリア写本』）を発見した（一八四五年、アトス山の聖母マリア修道院にて）。彼は、翌一八四六年、プラハに至り五カ月間滞在し、自らの探求の成果をシャファジークなどプラハの学者たちにも伝えた。このような新発見を踏まえて、シャファジークは、ついに、ドブロフスキー説と決別した。

シャファジークは、一八五八年、*Über den Ursprung und die Heimat des Glagolitismus*（ロシア語訳は一八六〇年）において新たな説を主張した（その萌芽は、一八四八年の論文 Rozkwět slowanské literatury v Bulharsku. *Casopis ceskeh Museum* に見られる）。そこにおいて唱えられたシャファジーク説の要点は以下のごときものであった。

（一）コンスタンティノスとその兄のメトディオス以前には、スラヴ人は独自の文字は持っていなかった。

（二）グラゴール文字の方が、より古い。コンスタンティノスが創出した文字は、まさにグラゴール文字であり、それは、ギリシア文字でもヘブライ文字でもラテン文字でもない、まったく新しい文字であった。

（三）キリル文字は、コンスタンティノスの弟子のクリメントによって、ギリシア文字を真似つつ、ブルガリアで発明された。

今日の定説では、既に何度も述べてきたように、モラヴィア国での布教を進める第一歩として、コンスタンティノスがスラヴ人のために生み出したのがグラゴール文字であり、その後、モラヴィアでのメトディオス、コンスタンティノス兄弟の活動が瓦解した後、シメオン時代のブルガリアの新たな首都プレスラフで、キリル文字が出現したのである。

古代スラヴ語はどの地域のスラヴ人の言葉に基づいて考案されたのか

次に、古代スラヴ語は、いったいどの地域のスラヴ人の言葉に基づいて考案されたのかという問題について、十九世紀当時の研究を紹介する。この問題は、当時の学者にとって、かなりの難問であった。なぜなら、当時はスラヴ民族の住む地域ではロシアだけが独立国であり、他のスラヴ人はオーストリアやオスマン帝国などの支配下にあるような状態にあり、スラヴ語の諸方言やその分類についての研究も確立されていなかったからである。そのような中でドブロフスキーは、限られた資料に拠りつつ、スラヴ語を二つのグループに分類した。一つ目は、ロシア語、セルビア語、クロアチア語、スロヴェニア語。二つ目のグループには、チェコ語、スロヴァキア語、ソルブ語、ポーランド語を入れた。たとえばブルガリア語が含まれていないことを見ても、彼の分類が厳密さを欠いている事は明らかであるが、参考すべき資料が乏しい当時としては妥当なものであった。ドブロフスキーは、メトディオス、コンスタンティノス兄弟がテッサロニケ（マケドニア地方の都市）の人であることを踏まえ、基となった言葉は南のスラヴ語であるとの説を唱えた。すなわち、ドブロフスキーは古代スラヴ語を前述の一番目のグループに分類したのだった。当時、参考にし得た文献が極めて限られていた事実を考えれば、このドブロフスキー説は、大変に優れたものであった。

しかし、この問題に関しては、別の説が強く主張されていた。それは、「パンノニア説」と呼ばれ、スロヴェニア人のコピータル以来、多くの賛同を得ていた。コピータルは、既に一八〇九年からこの説を唱え始めたとも言われている。彼は、先に引いた、十一世紀のグラゴール文字文献『クローツ文書』に関する研究書の中で、古代スラヴ語の基となった言葉は、南のマケドニア地方のスラヴ語ではなく、パンノニアのスラヴ人たちの言葉だと主張したのだった。パンノニアは、今日のスロヴェニアからクロアチア北東部、セルビア北西部、ハンガリー西部、さらにオーストリアの東端など広い範囲に及ぶ地域だが、本書でも見たように、メトディオス、コンスタンティノス兄弟の活動が盛んだった頃、スラヴ人首長のコツェル侯が治めていた地域である。侯が、兄弟の推し進めるスラヴ語典礼に肩入れをしたことも既に述べたとおりである。「パンノニア説」を主張する学者たちは、古代スラヴ語の確立に際しては、今日のスロヴェニア人の祖先の言葉が大いに貢献したと述べるのである。

コピータルの後、初めはドブロフスキー説に従ったシャファジークも「パンノニア説」に傾き、さらに、コピータルの弟子のフラニオ・ミクローシッチらによって、「パンノニア説」は、より強固なものにされていった。

古代スラヴ語がどの地域の言葉に基づいて考案されたのかという事に関して、ロシアでは、既にヴォストーコフが、セルビア人ヴーク・カラジッチ（一七八七〜一八六四）の研究なども踏まえて研究を進めていた。ヴォストーコフは古代スラヴ語の鼻母音に注目していた。彼は、ブルガリア語には鼻母音の痕跡があると考えて、古代スラヴ語の成立に関してブルガリア語のような南のスラヴ語を重視した。これは、ドブロフスキーと同じ立場であった。

この問題は、ようやく十九世紀末に解決を見た。やはりスロヴェニア人のヴァトロスラフ・オブラーク（一八六四〜一八九六）の詳細な方言学的な研究によって、古代スラヴ語は、パンノニアではなく南のマケドニア地方のスラヴ人の言葉に基づいて考案されたことが立証されたのだった。

十九世紀の古代スラヴ語研究の総括

十九世紀初頭、民族的覚醒と文章語の復興の動きの中で、限られた資料に基づき手探りのように始まった古代スラヴ語研究だったが、ドブロフスキー、コピータル、シャファジークらの活躍で学問的な基盤が整えられた。スタートでは後れを取ったロシアも、ヴォストーコフ、ボジャンスキー、スレズネフスキー、グリゴローヴィチらを輩出してロシア帝国の面目を保った。

この際に見逃してならないことは、地域を超えた研究者たちの連携である。ドブロフスキーとヴォストーコフの間には交流があり、第一期のロシアからの留学生たちも幅広い人脈を築いた。まず、モスクワ大学から派遣されたボジャンスキーは、コピータル、シャファジークを始め、スロヴァキア人ヤーン・コラール（一七九三～一八五二）、セルビア人カラジッチ、クロアチア人リューデヴィット・ガイ（一八〇九～一八七二）らと交わる。カザン大学からの留学生グリゴローヴィチは、古代スラヴ語研究に欠かすことの出来ない極めて重要な写本（グラゴール文字で書かれた四福音書『マリア写本』）を発見しロシアにもたらしたが、その留学旅行中に、実際にアトス山やブルガリアを旅した。その中で、グラゴール文字で書かれた本当に古い文献に多く接し（他の研究者よりもずっと多く）、とりわけ、パリムプセストの存在によって、グラゴール文字がキリル文字より古いという考えを強く抱いたと考えられる。パリムプセストとは、羊皮紙を用いた写本で、もともと書かれていた文書を削り取ることによって、再び羊皮紙として使えるようにした上で、新たに別のテクストを書き込んだ写本のことである。このようなパリムプセストは、もともと書かれていた内容が完全には消えておらずにすかすようにして見えることから、資料として貴重なものとなる。グラゴール文字とキリル文字が重ねられたパリムプセストでは、グラゴール文字のテクストが削られた後に新たなキリル文字のテクストが書き込まれていて、その逆の例は存在していない。グリゴローヴィチは、おそらく、このことからグラゴール文字の方がキリル文字よりも古いと考えたのである。グリゴローヴィチによる『マリア写本』発見という功績には、クロアチアの詩人で収集家ミハノヴィチ（Antun Mihanović 一七九六〜一八六一）との出会いが大きく寄与している。グリゴローヴィチは、すでにマケドニアやトラキアを旅してまわったミハノヴィチから、収集品の珍しいグラゴール文献も見せて貰ったのだった。

実は、スラヴ学が芽生え発達を始めた十九世紀においては、バルカン半島や中欧のスラヴ人たちは、オスマン帝国、ハプスブルクのオーストリア、プロイセン王国、ロシア帝国、さらには英国などの強国の対立の中で苦難の道を歩まざるを得なかったのだが、その記述は本書の範囲を超えるので深く扱うことは出来ない。ただ、そのような苦しい情勢の中でスラヴ学研究が発達していったことは興味深い。おそらく、ほとんどのスラヴ人が他の民族の支配下にあった状況下では、「汎スラヴ」的な意識が、特にスラヴ学草創期において、研究者間の連携にも好影響を与え、そのことがスラヴ学をより発展させることになったのであろう。

古代スラヴ語を含めたスラヴ学の研究は、十九世紀を通じてプラハを始めベルリンやウィーンなどでも研究が進んだ。ロシアでは、モスクワ、ペテルブルグ、カザンなどの大学で研究が進展したが、最後に、クロアチア人ヴァトロスラフ・ヤギッチ（一八三八〜一九二三）の活躍に触れておこう。ヤギッチは、十九世紀から二十世紀へスラヴ学をつないだ重要な存在なのである。

ヤギッチは、一八六〇年、古典学を修めてウィーン大学を卒業した。同時に、ミクローシッチの指導下でスラヴ学も学んでいた。ザグレブのギムナジウムで古典語を教えながら、一八七〇年、ライプチッヒ大学からスラヴ語の研究で博士号を得て、スラヴ各地の研究者から注目される。同年、政治活動により、オーストリア・ハンガリー帝国領内から公職追放となったが、スレズネフスキーの尽力によってロシアで就職することとなった。その後、一八七四年、ロシアを去り、ベルリン大学に移る。一八八〇年、スレズネフスキーの死去に伴いロシアに戻り、ペテルブルグ大学で教える。一八八六年、ペテルブルグを去りウィーン大学に移り、その地で生涯を終えることとなった。どれも優れた数多くの専門的な業績の中から、三つだけ挙げれば、学術雑誌 *Archiv für slavische Philologie*（一八七六年創刊号、ベルリン）の創刊と二点の校訂テクスト『ゾグラフォス写本』（一八七九年、ベルリン）、『マリア写本』（一八八三年、ベルリン）の刊行である。特に、この二点の校訂テクストは、今日でも古代スラヴ語研究に必須の基本文献の筆頭であり、その学問的な意義は極めて大きいのである。

修道院

そもそも修道院は、西暦三世紀末のエジプトで聖アントニオスが始めた砂漠での修道生活に発端を持つ。四世紀以降、キリスト教世界の隅々に広まった修道院だったが、やがて西方ではベネディクト派修道院に見るような「修道会」が存在感を増すのだが、他方で東方においては、当初からの禁欲的・隠遁的な修道生活を保つ修道院が中心であった。そのような東方の修道院の中には砂漠や断崖絶壁という外界から隔絶された僻遠の地に位置するものも多く、そうした修道院は古くからの伝統的な修道生活や貴重な写本類を今に伝えている。

ビザンツ皇帝ユスティニアヌス（在位五二七年～五六五年）が六世紀にシナイ半島に開いた聖カテリナ修道院がその代表である。ここには、質量ともにヴァチカンに並ぶ貴重な写本類が保たれている。

同様に、アトス山の諸修道院も例として挙げることが出来る。アトス山は、ギリシア北東部、エーゲ海に突き出した半島の先端に位置している。今日も二十の東方教会の修道院を擁する「聖山」として知られている。九六三年、ビザンツ皇帝ニケフォロス二世（在位九六三年～九六九年）の勅許を得た聖アタナシウスが修道院を開いて以降、修道生活の大きな拠点となった。もとよりギリシア系の修道院が多いが、ブルガリア系のゾグラフォス修道院、セルビア系のヒランダリ修道院、ロシア系のパンテレイモン修道院などのスラヴ系の有力な修道院も存在している。ゾグラフォス修道院は十世紀に設立され、またヒランダリ修道院は十二世紀末の開設である。一方、ロシア修道院は十一世紀に開かれたものの、途中で廃れた時期が続き、十八世紀に今日の場所で再開された。

一〇一八年にブルガリア帝国がビザンツ帝国に滅ぼされた後も、ブルガリアのキリスト教文献文化に携わる人々のアトス山ゾグラフォス修道院への往来は妨げられることがなかった。十二世紀末にはセルビア系のヒランダリ修道院が開設されるなどして、アトス山のスラヴ系修道院は中世における東方教会圏のスラヴ文献文化を支え続けたのであった。

アトスは、現在も「聖山」として宗教的な自治共和国のような存在であり続け、「女人禁制」となっている。半島に存在するが海から船で出入りする、外界から隔絶された僻遠の修道院の典型で、古くからの伝統的な修道生活や貴重な写本類を保っているのである。

第十章　なぜ「現代スラヴ語」という単一の言語は存在しないのか

――「スラヴ語」の概念の移り変わり

古代スラヴ語が存在したのに、なぜ「現代スラヴ語」という単一の言葉は存在しないのだろうか。スラヴ語という言語の概念を、誰がどのように理解してきたのか時代ごとの移り変わりを振り返ることによって、この問いの答えを探ってみたい。

共通のスラヴ語が通用していた時代――九世紀末頃まで

まず、大まかに九世紀末頃までは、共通のスラヴ語と見做されるものが存在していた。ドニエプル川中流域に居住していたスラヴ人は、六世紀に、アヴァール人に征服され引き従えられてゆく過程で、西方のフランク王国方面や南方のバルカン半島方面にと拡散したのだった。その結果、ドニエプル川中流域に残ったスラヴ人も含め、地理的に、東、西、南の三つのスラヴ人の大きなグループが誕生したことになる。この三つの地域に分かれたという点は後に重要になるが、しかし、この段階ではまだ、スラヴ人は皆が「共通スラヴ語」を話していたのである。この「共通スラヴ語」という呼び方は、後世の比較言語学者たちが付けた呼び方であり、西暦紀元前後から九世紀末頃までのスラヴ人の言葉をこう呼んでいる。共通スラヴ語は、話し言葉であり、もちろん文字もなかった。

九世紀後半になると、スラヴ人の国の誕生などのスラヴ人社会の変化を受けて、居住地方ごとの方言差も生まれていた。それでもなお、スラヴ人自身も他の人々も、南方に居住していたバルカン半島のスラヴ人の言葉も、東フランク王国に隣接して居住していた西方のスラヴ人の言葉も、当時は区別していなかった。また、そのような状況だからこそ、各地方のスラヴ人に容易に理解のできる統一的な書き言葉、規範的性格を持つ書き言葉の制定という考えも現実的で理にかなったものとして受け入れられたのだった。こうして、八六二年、古代スラヴ語がスラヴ人に対してスラヴの言葉でキリスト教を布教する目的で作られ、経典類を著すための文字（グラゴール文字）も新たに創り出されたのだった。

この頃の「スラヴ人たちの使徒」の活動を物語る聖者伝などには「スラヴ語」というような表現が残されていて、「テッサロニケの人は皆、正しいスラヴ語を話す」、「スラヴ語の福音書」、「パンノニアのコツェル侯はスラヴ文字を大いに気に入り」等の記述が見える。このような聖者伝での記述から、バルカン半島のテッサロニケ近辺のような南方に居住していたスラヴ人の言葉も、東フランク王国に隣接して居住していた西方のスラヴ人の言葉も、当時は区別せずに一様に「スラヴ語」と考えられていたことが分かる。

東、西、南の言葉の差異の発生から方言の確立まで——十世紀〜十二世紀

スラヴ人が地理的に東、西、南の三つの地域に分かれて住んでいても、九世紀末まではスラヴ人は皆、共通のスラヴ語を使用していると考えられた。その後、スラヴ人社会それ自体が多様化してゆくにつれて居住地方ごとの言葉の違いが生まれ、それが、東の方言、西の方言、南の方言として確立してゆくことになる。その結果、各地のスラヴ人自身も、彼らを取り巻く異民族も、地域・社会ごとのスラヴ人の言葉の差異を認識し始めることとなったのである。

このように言葉の違いが発生し拡大していった背景には、スラヴ人がそれぞれの居住地域において近隣の他民族との接触や抗争を重ねたことがある。既に述べたように、スラヴ人の居住地域は、九世紀半ばの頃には大きく東、西、南の三つに分かれていた。東の地域とはドニエプル川中流域を基盤に北方のフィンランド湾、リガ湾あたりにかけてであり、西の地域とはポンメルン湾あたりからオーデル川流域の内陸にかけてフランク王国の東部辺境あたりまでであり、南の地域とはバルカン半島各地のことである。

その中で、古代スラヴ語が初めて使われたモラヴィア国は西の居住地域に該当する。モラヴィア国は最盛期には今のチェコのみならず、スロヴァキア、ポーランド、ハンガリー、オーストリアの一部も支配したが、九〇〇年にはマジャール人によって滅ぼされた。その結果、住民のスラヴ人は、東南部ではマジャール人の勢力下に、西部ではボヘミアの支配下に、東北部はポーランドの支配下に組み込まれてしまった。また南のバルカン半島を見ると、「スラヴ人たちの使徒」

の活動が潰えたモラヴィアに代わって、古代スラヴ語もスラヴ語典礼も、ブルガリアで新たな発展を見せたが、そのブルガリアも第六章で触れたように、一〇一八年、ビザンツ帝国に征服されて滅亡した。一方で東のスラヴ人を見ると、キエフ公ウラジーミル（在位九八〇頃～一〇一五）がキエフ・ルーシでキリスト教を国教化することになり、古代スラヴ語とスラヴ語典礼はキエフ・ルーシへと受け継がれて、同時にキエフ・ルーシは賢公と呼ばれたヤロスラフ公（在位一〇一九～一〇五四）の治世による最盛期へと発展してゆく。

こうしたスラヴ人社会の盛衰に従って、居住地方ごとの方言差が顕著になっていったのである。そして、その裏側には、実は、単なる地理的な差異ではない要因が隠されていた。それは、それぞれのスラヴ人たちの居住地が、東方教会の管轄下なのか、あるいは、西方教会の管轄下なのかという点であった。かつてのモラヴィア国の領内にいたスラヴ人は、ボヘミア、マジャール、ポーランドといった勢力下に組み込まれたが、いずれにしても、同じ西方教会の管轄下に入った。他方、東方教会の後ろ盾のビザンツ帝国に滅ぼされたブルガリア領内のスラヴ人はビザンツ帝国と一体化している東方教会の管轄下に入った。東方教会のキリスト教を受容したキエフ・ルーシが、東方教会の管轄下にはいったことは言うまでもない。このように居住地の違いは、所属する教会の違いへと繋がっていった。

それでは、なぜ、東西のどちらの教会に属するかが、スラヴ人の言葉に影響を与えるのであろうか。それは、宗教に用いる社会的に別格の言葉をどのように考えるかという点に関して、東西の教会で考え方が異なっていて、そのことがスラヴ人の言葉の社会的位置付けに関わってきたからである。西方教会では、「神は、三つの言語（ヘブライ語、ギリシア語、ラテン語）によってのみ崇拝されるべき」との考えが根強かったのだが、東方教会では、「神は、あらゆる言葉で崇拝されて良い」という考えも許容していた。それゆえに、どちらの教会に属するかは、その後のスラヴ人の言語生活にとって大きな影響を及ぼしたのだった。たとえば、西方教会の中のフランク教会の管轄下では、社会の最も権威ある言葉はラテン語となり、富裕層や文化人、また、行政に携わる人物などでは、ドイツ語がラテン語に続く地位を持った。スラヴ人の言葉は日常生活の言葉ではあっても、社会的権威が付与されることはなかった。ところが、東方教会の管轄下では、スラヴ語典礼を用いることが許容されたため、典礼で使用されていた古代スラヴ語は、宗教のみならず文学や行政の言葉としても、社会的権威を認められたのであった。

こうして、各地に住むスラヴ人が日常生活に用いていたスラヴ語は、「共通スラヴ語」時代を終えて、それぞれのスラヴ人が置かれていた地域・社会的なグループの状況に応じて、新たな言葉の段階へ入ってゆくのである。そして、各地のスラヴ人はそれぞれ明確に異なる社会集団として認識されるようになっていった。それは諸年代記の記述からも知ることが出来る。たとえば、ヘルスフェルトのランペルト（一〇二八頃～一〇八〇頃）の『年代記』には、九七三年、神聖ローマ帝国のオットー一世が祝った復活祭に訪れた諸外国の使節について書かれているが、そこでは、スラヴ人、ブルガリア人、ルーシ人と、三つの別々の集団として記述されている点が注目に値する。ここでスラヴ人と書かれているのは、ボヘミアとポーランドのスラヴ人であり、かつてのモラヴィア国に居住した西のスラヴ人たちである。ブルガリア人は南のスラヴ人で、そして、ルーシ人は、ドニエプル川中流域のキエフを拠点とした東のスラヴ人である。かつて六世紀にアヴァール人のせいで西方のフランク王国方面や南方のバルカン半島方面にと拡散した結果、ドニエプル川中流域に残ったスラヴ人も含め、地理的に、東、西、南の三つのスラヴ人の大きなグループが誕生していたが、長い「共通スラヴ語」の時期を終えて、それぞれ明確に異なる社会集団となったことが、この年代記の記述からもうかがえる。

このランペルトの年代記の記事の頃は、激動の時代でもあった。これまでも述べてきたが、この頃、ブルガリアは、マジャール人、ペチェネグ人、ビザンツ帝国に脅かされ、九七一年には、ルーシのスヴャトスラフに攻められ、それを機にしたビザンツ軍の侵攻で国土の大半を失った。かろうじて西部のマケドニア地方を保っていたが、間もなく一〇一八年に滅亡した。また同じ頃、キエフ・ルーシでは、スヴャトスラフがビザンツ帝国の意を受けたペチェネグ人によって殺されて、彼の息子のヤロポルクがキエフ公になった。他方で、同じスラヴ人国家の間でも対立が始まる。たとえば、ボヘミアとポーランドは、九八〇年頃から神聖ローマ皇帝に対する立場を異にして、急速に対立を深めることになった。このようなことについては、メルゼブルクのティトマール（九七五～一〇一八）が著した『年代記』に、ボヘミア、ポーランド、さらに加えてルーシの三国が、時に結び、時に戦火を交えつつ、国力を競っている様子が伝えられている。

年代記からもうかがわれる、こうしたスラヴ人社会の激動の結果、東方のスラヴ方言、西方のスラヴ方言、南方のスラヴ方言が、それぞれ別の存在として明確に認識されるようになっていったと考えられる。

個々のスラヴ人社会集団の言葉へ――十三世紀以降の西スラヴ人

当時、西スラヴ人たちの居住していた諸地域は、主としてボヘミア、スロヴァキア、ポーランドの三つである。これら諸地域のスラヴ人の言葉は、はじめは西のスラヴ方言として同じように考えられていたが、やがて、それぞれチェコ語、スロヴァキア語、ポーランド語という別々の言語として区別されるようになってゆく。

ボヘミアのスラヴ人の言葉、チェコ語は、多くの研究者が十二世紀からそのように識別され始めたと考えている。また、文献は、十三世紀末のものから残されている。なお、ボヘミアという地名はラテン語起源であるが、この地域のスラヴ人はそれを「チェヒ」と呼び、それが今日のチェコという呼び方の起源となった。

チェコのプラハにカレル大学が創立されたように、スラヴ人が自分の土地で高い文化に触れることが出来る拠点が生まれたのである。こうして十四、十五世紀は、いわゆる古代チェコ文学が開花し、一般的な文化の世界で使う文章語としてはチェコ語が認められるようになった。しかし、この古代チェコ文学の発展は、「スラヴ人たちの使徒」による古代スラヴ語の文化に基づくものではなく、西方教会・ラテン語文化を踏まえたものであった。さらに言えば、チェコ語は常にドイツ語に置き換えられてしまう危険に脅かされていた。それゆえ、フス戦争（一四一九～一四三六）などを契機にチェコ語は社会的に衰退し始めて、一六一八年のハプスブルクのカトリック軍の勝利から十八世紀末の「文芸復興」までの間、チェコ語の社会的な地位は失われる。

他方、スロヴァキア地域のスラヴ人は、カルパチア盆地を押さえていたマジャール人に支配され続ける。その中で、スラヴ人の使う言葉がスロヴァキア語として区別されてゆく。ただし、社会的権威を持つ言語は、西方キリスト教を受け入れた社会であったので、ラテン語と、支配者の言葉であるハンガリー語であった。それゆえ、スラヴ人の言葉は、社会的に重視されることがないままに時代が過ぎていった。十八世紀末の「文芸復興」期からスロヴァキア語確立の機運が高まったが、実際にスロヴァキア語の確立が成就したのは、一九一八年、チェコスロヴァキアとしてハプスブルク帝国から独立した時であった。

ポーランド地域のスラヴ人の言葉は、十二世紀頃からポーランド語として識別され、文献も十四世紀から残されている。ただ、ポーランドは西方キリスト教ローマ教会の強い影響下にあり続けたゆえに、ラテン語が公用語的な地位を占め、ポーランド語は、社会的地位の低い話し言葉の扱いだった。十八世紀後半から、ポーランド語を学校教育に用いるなど、社会的な権威を持つ文章語としての確立を目指し、その基礎が固まった。その後、十八世紀末からロシア、プロイセン、オーストリア三国によってポーランドは分割され国家が滅んでしまうが、逆にこの時期にロマン主義文学など近代文学が開花して、ポーランド語の確立に向かう動きを加速させたのだった。

こうして西スラヴの三つの地域では、そろって西方教会の下にあったがゆえに、ラテン語が公用語であり、スラヴ人の言葉が高い社会的地位を得ることはなかった。さらに、三つの居住地域に分かれて別々の社会集団となったので、同じ西スラヴ人とはいえ共通の言語が存在するという考え方は、もはや消滅した。そして、言語学的にはよく似ているのではあるが、別々の言語として識別されるようになっていったのである。

個々のスラヴ人社会集団の言葉へ――十三世紀以降の南スラヴ人

当時、南スラヴ人たちの居住していたのは、バルカン半島の各地であった。諸地域は、大きくブルガリア、セルビア、クロアチアの三つと考えておく。はじめは南のスラヴ方言として同じように考えられていた言葉から、やがて、ブルガリア語、セルビア語、クロアチア語という別々の言語として区別されるようになってゆく。

一度は滅んだブルガリアだったが、ビザンツ帝国の弱体化の隙をついて、一一八七年、第二次ブルガリア帝国が誕生した（首都はタルノヴォ）。ビザンツ帝国・東方教会の影響下にあることは変わらなかったので、東方教会に留まりスラヴ語典礼を受け継いでいた。その過程で古代スラヴ語は、ブルガリア人の言葉と混淆し、ブルガリア教会スラヴ語へと生まれ変わった。そして、このブルガリア教会スラヴ語も社会的権威のある言葉として受け入れられた。ところが、ブルガリアが、ビザンツ帝国滅亡後にオスマン帝国の支配下に置かれてしまった結果、スラヴ人の言葉が社会的権威を持つことがなくなった。社会的にも権威を持つような言葉として近代的なブルガリア語を規範化する動きが始まるのは、十九世紀になってからのことだった。

セルビアの場合も、ブルガリアと同様に、ビザンツ帝国の弱体化の隙をついて十二世紀後半、ステファン・ネマニャによって統一国家となった（首都はラシカ）。セルビアも東方教会に留まりスラヴ語典礼を受け継いでゆく。その過程で古代スラヴ語は、セルビア人の言葉と混淆し、セルビア教会スラヴ語へと生まれ変わった。そして、社会的権威のある言葉として、セルビア教会スラヴ語が機能していたのであった。同じくバルカン半島に居住するスラヴ人だが、ビザンツ帝国に直に隣接して強く影響されたブルガリア人社会と、ビザンツ帝国の影響も受けたが、一方では、アドリア海沿岸部から（アドリア海沿岸部は西方キリスト教ローマ教会の重要な布教地だった）と、北隣のマジャール人からとの二つのルートで西方ローマ教会の影響も伝わるセルビア人社会とでは、たとえ使う言葉が同じ南スラヴ諸語に属していても、やがて言語の様相を異にして、ブルガリア語とセルビア語の違いは拡大してゆく。ところが、セルビアも、ビザンツ帝国滅亡後にオスマン帝国の支配下に置かれてしまった結果、スラヴ人の言葉の社会的権威は失われてしまった。社会的にも権威を持つような言葉として近代的なセルビア語を規範化する動きは、ブルガリア語よりも早く、十八世紀から始まった。

他方、クロアチアは、十一世紀末からマジャール人に飲み込まれてしまう。このため、概してクロアチアの地域は西方ローマ教会、ラテン語文化の影響下に入る。そもそも、クロアチア地域では、既に触れたアドリア海沿岸ダルマチア地方の一部を除き、古代スラヴ語の影響は及ばなかったのである。クロアチアにおいては、バルカン半島の内陸部、バルカン半島北西端、アドリア海沿岸部の三つの地域で、それぞれの地域特色を持つスラヴ人の言葉が都市の行政や文学作品に用いられる例もあった。しかし、それらのスラヴ語の影響力は、西方教会の下にある社会でのラテン語の持つ普遍性、社会的権威とは比較にならなかった。社会的にも権威を持つ近代的なクロアチア語を目指す動きは、十八世紀末の「文芸復興」まで待たねばならなかった。

こうしてバルカン半島でも共通するスラヴ語という概念は消失して、言語学的には非常によく似ている場合であっても、別々の言語として識別されるようになっていったのである。

個々のスラヴ人社会集団の言葉へ——十三世紀以降の東スラヴ人

当時、東スラヴ人たちの居住していた地域とは、ドニエプル川中流域を基盤に北方のフィンランド湾、リガ湾あたりにかけてであった。これらの地域は全体としてルーシと呼ばれていた。その中でキエフ公やモスクワ公など各都市の公が割拠した時代であったが、西スラヴ、南スラヴと比べると、東スラヴ内の諸集団の言語的な差異は小さかったと言われている。

ルーシは最も勢力の強い公の名をとってキエフ・ルーシと呼ばれていたが、そのキエフ・ルーシではスラヴ語典礼による東方キリスト教が根付いていた。キエフ・ルーシは古代スラヴ語の最も遅く伝播した場所で、伝播直後からキエフ・ルーシのスラヴ語との混淆が起こり、早くも十一世紀初頭の三十年余りの間に、現代の研究者が「ロシア教会スラヴ語」と呼ぶものが生まれていた。さらに、このロシア教会スラヴ語は、キエフ・ルーシ社会で宗教のみならず文化一般にわたって規範文章語として使用され、「古代ロシア文語」とも呼ばれている。その後、ルーシは、チンギス・カンの孫バトゥによる支配下に置かれることもあったが（これを「タタールの軛《くびき》」（一二三六～一四八〇）と呼んでいる）、ルーシではスラヴ語典礼による東方キリスト教が社会的な威信を保ち続けることが出来た。

前述の「タタールの軛」時代に、衰退したキエフに代わって、モスクワの公が権威・権力を手にしてゆく。かつてのビザンツ帝国とコンスタンティノープル教会のように、モスクワ公はロシア正教会と手を携えて国家建設を進めていった。すなわち、教会の権威を国家建設に利用したのである。その中で、教会で用いられるスラヴ語の権威も保たれていた。一六九八年、ハインリッヒ・ルドルフ（ドイツ人。ラテン語で『ロシア語文法』を著し、オックスフォードで出版した）は、ロシア社会の言語状況について「話す時はロシア語で、書く時はスラヴ語で」と記した。ルドルフが示した「スラヴ語」というのは、当時のロシア語の話し言葉や、それに基づき様式化された官庁文書・業務文書の言葉の社会的地位を超えた、権威ある書き言葉であった。それは、かつてキエフ・ルーシで古代スラヴ語を受け入れた時に誕生した古代ロシア文語（すなわちロシア教会スラヴ語）をずっと受け継いだ言葉であり、この言葉が「スラヴ語」として、モスクワ公国時代のロシアでは権威付けされていた。

このように、ルーシにおけるスラヴ語の地位は、東方教会の力によって保たれていたわけである。しかし、十六世紀後半から十七世紀初めにかけて、西方教会に属するポーランドでイエズス会が対抗宗教改革を着々と進め立派な校舎、優れた訓練・教育といった教育活動で人々を引き付けた。その結果、当時の西南ロシア（現在のウクライナ、ベラルーシ、リトアニアあたりの地域）の東方キリスト教の正教徒は危機感を抱き、正教会の立て直しを図った。その際に用いた方法は、イエズス会と同じ方法で、すなわち、教理の整備、神学教育の普及といったものだった。宗教的な教育を補うものとして、読み書きの教科書も必要とされたのだった。

規範的なスラヴ語に関する新たな動きはモスクワでも始まりつつあった。当時のモスクワは、オスマン帝国に占領されてしまったバルカン半島から逃れて来た学者も集まり、南スラヴや東スラヴの文化の中心地となっていた。さらに加えて、いわゆる「モスクワ第三ローマ説」に基づく内なる動機付けもあり、復古的な潮流から、古典的著作を理解するために文法規範の確立が求められた。一方、ロシア教会スラヴ語は、モスクワ公国の文章語として用いられたことから世俗的な著作にも使用が広がって、モスクワの日常語の影響も蒙り、「乱れて」きていた。それゆえ、元来のロシア教会スラヴ語を守るために文法規範の確立と規範を学ぶための書物が求められた。

こうして、モスクワ公国と西南ロシアで、ほぼ同時に、教会スラヴ語の文法を体系的に記述する強い必要性が生じ、その結果、十六世紀末から十七世紀にかけて、文法の教科書が出現したのだった。この当時の教会スラヴ語は、モスクワ公国と西南ロシアの東方キリスト教の正教の及ぶ地域のもので、オスマン帝国の支配下に置かれてしまっているバルカン半島の正教徒スラヴ人にも一部及んだ程度であった。

民族意識覚醒の時代のスラヴ人

十八世紀後半は「民族意識覚醒の時代」と考えられている。というのは、ハプスブルク帝国やオスマン帝国などの下に組み込まれてしまっていた、いくつかのスラヴ人の社会集団が、自らのアイデンティティを確立しようと動き始めたからであった。それは、具体的には、チェコ、スロヴァキア、ポーランド、スロヴェニア、クロアチア、セルビア、ブルガリアなどであった。アイデンティティ確立の重要な要素の一つである宗教の点で、ハプスブルク帝国支配下にあったチェコ、スロヴァキア、スロヴェニア、クロアチアについては、いずれも同じく西方教会のキリスト教を受け入れていたので、これらのスラヴ人では、特に問題とならなかった。西方教会のポーランドは、東方教会のロシア帝国によって、国の主要部を支配されていたが、ロシア帝国からのポーランド語に対する弾圧と比べると、東西キリスト教会間の軋轢は大きくはなかった。従って、これらのスラヴ人社会では、ひとえに、自分たちの言語の社会的地位の確立が焦眉の問題となっていた。なお、オスマン帝国支配下の東方キリスト教徒スラヴ人の間では、自らの言語の社会的地位の確保と同時に、東方キリスト教の信仰を守ることにも力がそそがれた。

こうして、右に挙げたようなスラヴ人は、その言語の社会的権威の確立を目指した。すなわち、彼らの言語が、公共の場、学校教育、ジャーナリズムや文学など文化・社会的活動の広い範囲で権威を持って使用されるべく、文法規範の整備を急いだのであった。かつての宗教の場での権威と並んで、あるいは、それを超えるように、公共の場という場面での権威を求める点が、近代社会の特徴でもあろう。

振り返って見れば、アヴァール人の西進に巻き込まれて、バルカン半島や中部ヨーロッパにまで移動させられたスラヴ人たちだったが、その後にどのような社会に組み込まれたのかに従って、それぞれ異なる特徴を備えたスラヴ人へと分化していった。フランク王国、その後にはドイツ社会の強い影響下に入ったスラヴ人からは、今日のチェコ社会、ポーランド社会、スロヴェニア社会が生まれ、ハンガリーの支配下にあったスラヴ人からはスロヴァキア社会、クロアチア社会が生まれ、オスマン帝国の支配を受けつつもビザンツ帝国時代の基層が強固だったスラヴ人からはブルガリア社会、セルビア社会が誕生した。

ただ、境界的・周縁的な地域は複雑で、ボスニアやモンテネグロがその例である。また、ヴェネツィアの影響下にあったダルマチアが独自の社会を作る可能性もあった。ロシアとポーランドの境界的・周縁的な地域ではウクライナ社会が、ロシアとリトアニアの境界的・周縁的な地域ではベラルーシ社会が誕生した。

東、西、南の方言群の誕生

十世紀に目立ち始めたスラヴ語の方言差は、十一世紀から十二世紀にかけて、顕著な差異となってゆく。その東、西、南の差異とは、けっして一つの基準によるのではなく、いくつかの特徴の組み合わせに基づく総合的な判断の結果なのである。

それでは、東、西、南の各方言群を分かつ代表的な諸特徴を具体例と共に見てみよう。なお、具体例の最初に掲げてある*の付された単語は、共通スラヴ語（言語学者が理論的に再建したもの）の形である。また、東の方言群の例はロシア語から、西の方言群の例はチェコ語から、南の方言群の例はブルガリア語から示してある。共通スラヴ語の例も含めて比較対照してほしい。

①共通スラヴ語 dl / tl の音結合への対応：西方群を際立たせる特徴である。西方群では共通スラヴ語の形を残すが、他は d / t を脱落させた。

*ordlo　鋤（すき）
古代スラヴ語　ralo
ロシア語　ralo
チェコ語　rádlo
ブルガリア語　ralo

②共通スラヴ語の語頭の e への対応：三群それぞれに異なる対応をする。

*ezero　湖

古代スラヴ語	jezero
ロシア語	ozero
チェコ語	jezero
ブルガリア語	ezero

③共通スラヴ語の語頭の gvě- / kvě- への対応：西方群を際立たせる特徴である。西方群では共通スラヴ語の形を残すが、他は k を ts に、g を z に変化させた。

*květŭ　花

古代スラヴ語	tsvětŭ
ロシア語	tsvjet
チェコ語	květ
ブルガリア語	tsvjat

④共通スラヴ語の子音 + or / ol + 子音の音結合への対応：東方群を際立たせる特徴である

*gordŭ　都市

古代スラヴ語　gradŭ
ロシア語　gorod
チェコ語　hrad（城）
ブルガリア語　grad

⑤共通スラヴ語の語頭の **or** ＋子音 / **ol** ＋子音の音結合への対応：南方群を際立たせる特徴である。南方群では共通スラヴ語のこのような **or / ol** が、一貫して **ra / la** で現れる。

*olkŭtĭ　ひじ
古代スラヴ語　lakŭtĭ
ロシア語　lokotĭ
チェコ語　loket
ブルガリア語　lakŭt

⑥共通スラヴ語 **dj / tj** の音結合への対応：三群それぞれに対応する。東方群はジュ、チのような音で、西方群ではズ、ツのような音で、南方群ではジュド、シュトあるいはジュ、チのような音で現れる。

*světja　ろうそく
古代スラヴ語　svěšta

ロシア語　svečа
チェコ語　svíce
ブルガリア語　svešt

この他に、共通スラヴ語に特徴的だった二つの弱くて短い母音ŭ（ъ）とĭ（ь）への対応も重要である。二つとも語末などの弱い位置では脱落することは三群で共通している。他方、たとえば、先の弱い位置に対して一つ前の音節は強い位置と呼ばれ、この強い位置でのŭ（ъ）とĭ（ь）への対応は、三群で異なる。東方群ではŭ（ъ）はoに、ĭ（ь）はeに変わる。西方群では、二つともeに変わる。南方群では対応にバリエーションがある（古代スラヴ語sŭnŭ「眠り」、ロシア語son、チェコ語sen、ブルガリア語sŭn）。

また、二つの鼻母音ęとǫへの対応も見逃すことが出来ない特徴である。現代では、ポーランド語に鼻母音ęとǫが存在するが、複雑な錯綜した変化過程を経ているので、古代スラヴ語での鼻母音と現代のポーランド語のそれとは、一対一の対応をしていない。東方群は、ęはjaに、ǫはuに変わった。ポーランド語以外の西方群では、ęはeに、ǫはuに変わる。南方群でもęはeに変わった。他方ǫへの対応ではバリエーションがある（古代スラヴ語bǫdǫ「be動詞、単数一人称未来形」、ロシア語budu、チェコ語budu、ポーランド語będę、ブルガリア語bŭda）。

もちろん、上述の諸特徴のそれぞれに関して、南方群でもブルガリア語とセルビア語とでは対応が異なる場合も多いし、西方群でもポーランド語とチェコ語とで異なる対応も多い。しかし、上述のような諸特徴を巨視的に総合してゆくことで、三つの群の分類が認められている。さらに言えば、このような差異が生じた時期については、けっして同時に一様に生じたのではなかった。一つ一つの現象ごと、また、同じ現象でも地域ごとによって、早かったり遅かったりしたのである。ただ、おおむね十世紀の半ばから目立ち始め、十一世紀に広く拡大し、十二世紀末には完了していたと思われるものが多い。

スラヴ人社会の変動の結果、このようにして東方のスラヴ方言と西方のスラヴ方言、南方のスラヴ方言の明確な違いが生じたのだった。

第十一章　文字によって二分される現代のスラヴ諸語

——キリル文字とローマ字

地理的分布から見た現代のスラヴ諸語

前章で見た通り現代においては、スラヴ語という名前で括られる単一の言語は存在しない。スラヴ人の言語は社会集団ごとに異なる言語として識別されるようになったからである。それらをまとめてスラヴ諸語と呼んでいる。

一般にスラヴ諸語は、地理的な分布に基づいて、東、西、南の三群に分類される。先にも見た通り次のようになる。

東群：ロシア語、ウクライナ語、ベラルーシ語

西群：チェコ語、スロヴァキア語、ポーランド語、カシューブ語、上ソルブ語、下ソルブ語

南群：ブルガリア語、マケドニア語、スロヴェニア語、クロアチア語、セルビア語、ボスニア語、モンテネグロ語

西群のリストの内、カシューブ語は、ポーランド共和国のバルト海に面する都市グダニスク（かつてのドイツ語名ダンツィヒ）の地域の言語であるが、ポーランド語の方言と考える専門家も多い。上ソルブ語、下ソルブ語は、ドイツ連邦共和国ドレスデンの東、シュプレー川（Spree）

に沿った地域の言語で、より上流の町バウツェンを中心とするのが上ソルブ語であり、より下流の町コットブスを中心とするのが下ソルブ語である。これら三つの言語以外の言葉は、現在は独立した国家の国語となっている。

使用する文字から見た現代のスラヴ諸語

現代のスラヴ諸語は、使用している文字体系から分類することも出来る。すなわち、キリル文字から由来する文字（以下、キリル文字と略す）の体系を用いて表記する言語と、ローマ字に由来した文字（以下、ローマ字と略す）の体系を使う言語とに二分されるのである。その二つのグループは、以下のようになっている。なお、（　）内は、地理的分類でそれぞれがどのグループに属するかを示している。

・キリル文字表記を使用するスラヴ諸語

ロシア語（東群）　ウクライナ語（東群）
ベラルーシ語（東群）　ブルガリア語（南群）
マケドニア語（南群）　セルビア語（南群）

・ローマ字表記を使用するスラヴ諸語
チェコ語（西群）　スロヴァキア語（西群）
ポーランド語（西群）　カシューブ語（西群）
上ソルブ語（西群）　下ソルブ語（西群）
スロヴェニア語（南群）　クロアチア語（南群）
ボスニア語（南群）
モンテネグロ語（南群）……キリル文字表記も使用される

キリル文字表記を用いるスラヴ諸語は、地理的には、東群の全てと、南群の三言語であり、西群の言語でキリル文字表記をするものは無い。他方、ローマ字表記のスラヴ諸語は、西群の全てと南群の四言語であり、東群でローマ字表記は使用されない。なお、グラゴール文字は、現在、どのスラヴ諸語でも用いられていない。

キリル文字はローマ字と比べるとスラヴ諸語の表記に適している。なぜなら、キリル文字はスラヴ人のために考案されたグラゴール文字を端緒とするからである。メトディオス、コンスタンティノスの孫弟子に当たる、ブルガリアの学僧フラブルの『文字について』（九世紀末か十世紀初頭）で述べられているように「キリスト教徒になる以前のスラヴ人たちは文字を持たなかった。（メトディオス、コンスタンティノス兄弟によるグラゴール文字制定の以前にも）キリスト教を受け入れたスラヴ人たちは、ギリシア文字あるいはラテン文字（ローマ字のこと）を用いて、スラヴ人の言葉を書き表すことを試みたが、彼らは言語の構造を考えることをしなかったので、どの試みも首尾よくゆかなかった」のである。従って、スラヴ人の言葉に適した文字であるグラゴール文字が誕生することによって、スラヴ人は、初めて自らの言葉の音構造に適合した文字を得たのであった。そして、九世紀末、ボリスの子シメオン治下のブルガリアにおいて、グラゴール文字の改訂版のキリル文字が生まれる。すなわち、グラゴール文字の仕組みを当時のスラヴ人知識人層にもなじみ深いギリシア文字に組み込むことで、より使い易い文字体系に改良されたものがキリル文字であった。

それでは、現代のスラヴ諸語の中で、少なからぬ言語が、なぜ、キリル文字ではなくローマ字表記を使い続けているのであろうか。その根本原因は、第一章から述べてきたように、スラヴ人社会がキリスト教の東西教会の対立に巻き込まれてきた点に遡るのである。スラヴ人たちが、アヴァール人の西進に巻き込まれて、原郷から遠く離れたバルカン半島やヨーロッパ中部にまで拡散したことは、繰り返して述べてきた。その結果、バルカン半島に住み着いたスラヴ人はビザンツ帝国と深く関わり、ヨーロッパ中部に住み着いたスラヴ人はフランク王国と深く関わることとなった。当然、キリスト教にも触れることとなる。しかし、概して、ビザンツ帝国とコンスタンティノープル教会（この両者が一体化していたことも繰り返して述べてきた）の東方キリスト教は、他の国や民族への布教を活発に繰り広げることは無かった。一方、西方教会、特にフランクの教会は、他国や他民族への布教に積極的で、アイルランドやスコットランドからやって来た熱心な宣教師たちが布教活動に取り組んでいた。そのため、スラヴ人で最初にまとまってキリスト教を受容したのは、拡大したスラヴ人世界の南西端（現在のスロヴェニアあたり）の集団で、これはザルツブルク司教座、すなわち西方教会からの宣教によるものだった（七四五年）。従って、このスラヴ人集団は、西方教会のラテン語典礼とラテン語・ローマ字による文献文化を受け入れたのだった。東方教会では、やがてスラヴ語の典礼を用いた布教が行われてゆくのに対し、西方教会では、一貫してラテン語典礼が用いられたため、西方キリスト教を受容したスラヴ人はラテン語とローマ字を使い続けたのだった。

東西の教会が使用文字に関して与えたこのような影響を踏まえながら、以下では、キリル文字を表記に用いる現代のスラヴ諸語とローマ字を表記に用いる現代のスラヴ諸語について、なぜその文字体系を採用したのか、掘り下げて見てゆこう。

キリル文字を得たスラヴ人

ロシア語、ウクライナ語、ベラルーシ語、ブルガリア語、マケドニア語、セルビア語を使う人々の社会では、現在、東方キリスト教会の正教徒がマジョリティーを占める社会構成となっている。そして、この宗教という要因はこれらの言語がキリル文字表記を採用していることと深く関わっている。

キリル文字発祥の地であるブルガリアの場合、キリスト教が受容された当初、典礼で使用されていたのはギリシア語・ギリシア文字とラテン語・ローマ字であり、スラヴ語ではなかった。やがて、メトディオスとコンスタンティノス兄弟の弟子たちによって古代スラヴ語とスラヴ語典礼がもたらされると、それらがブルガリアで庇護されるに至った。そして、第五章で述べたように、ブルガリアで古代スラヴ語の文化が黄金時代を迎えて、キリル文字も誕生したのであった。

その後は、バルカン半島で東方教会を受け入れていたスラヴ人社会ではキリル文字が用いられ続け、その結果として、現在は、ブルガリア語、マケドニア語、セルビア語を話す人々の社会において、キリル文字に由来する表記体系が定着しているのである。

キエフ・ルーシの場合は、当初は、東西両方の教会と接触していたため、キリル文字とローマ字のどちらとも接点があった。というのは、キエフ公ウラジーミルの祖母オリガはビザンツ帝国との関係を良好に保つため、九五五年、東方教会のキリスト教に入信したが、その一方で、九五九年には西方教会側の東フランク王国のオットー一世に宣教師の派遣を要請し、フランク人宣教団もキエフに来訪していたのだった。ところが、この時点でのキエフ・ルーシは体系的な文字の使用も未熟で、ギリシア語典礼であれラテン語典礼であれ、受け入れの素地が形成されていなかった。その上に、摂政オリガが失脚し、キリスト教を嫌うスヴャトスラフが公位に就いたので、東方教会、西方教会のいずれも、オリガの個人的なキリスト教受容に止まった。つまりオリガの時代には、スラヴ語を文字を用いて本格的に表記することは無かった。やがて彼女の孫であるキエフ公ウラジーミルが東方キリスト教を国教化したことから、スラヴ語典礼と共に体系的な文字の使用がキエフ・ルーシにも伝播した。そして、時代はすでにキリル文字の時代であったので、キエフ・ルーシでは、グラゴール文字を用いることなく、キリル文字からスタートしたのだった。

その後もキエフ・ルーシの公は、外交政策のために中欧や西欧の王族（彼らは、皆、西方教会の下にあった）と婚姻関係を結ぶこともまれではなかったが、キエフ・ルーシが東方教会、スラヴ語典礼の許を離れることはなかったので、キリル文字の使用も途切れることなく続いた。それは、キプチャク・ハン国の支配で始まった「タタールの軛《くびき》」（一二三六～一四八〇）時代にも変わらなかった。ただし、現代のロシア語で用いているキリル文字は、ピョートル大帝（在位一六八二～一七二五）が改良を加えた文字体系である。

次に、ベラルーシ語を取り挙げる。ベラルーシ語が話される地域は、かつてのキエフ・ルーシの西端部に当たる。九世紀末、ドニエプル川中流域を中心に北方のフィンランド湾、リガ湾あたりにかけての地域がルーシと呼ばれていた。このルーシは最も勢力が強かったキエフ公の名をとってキエフ・ルーシと通称されたが、そのキエフ・ルーシには、十世紀末、スラヴ語典礼による東方キリスト教が導入され根付いていった。それゆえ、キエフ・ルーシに含まれていた今日のベラルーシの地域も、キリル文字を使っていた。しかし、その直後の十一世紀初頭から、この地域はキエフ・ルーシの西端部という場所柄から、長い歴史を通して、キリル文字圏とローマ字圏との大きな谷間に入ってしまった。常に、キリル文字を使うロシアとローマ字を使うリトアニア、ポーランドの境界・周縁として、ベラルーシは、ロシアかリトアニア・ポーランドのどちらかの支配下に置かれることが多かった。

十三世紀から十四世紀にかけてリトアニア大公国に支配されていたこの地域で、ベラルーシ語の祖先とも言うべき「プロスタ・モーヴァ」（世俗語）と呼ばれるものが誕生した。これは、東群のスラヴ語系統の独自の書き言葉でキリル文字を用いていた。公文書でも使われ、十五世紀から十六世紀に最も発達した。しかし、一五六九年のリトアニア大公国とポーランドの合体後、徐々にポーランド語に駆逐され、一六九六年には、「プロスタ・モーヴァ」は公用語としては正式に禁止された。すなわち、公用語は、キリル文字ではなくローマ字で表記されるポーランド語になったのである。その後、支配者がロシア帝国に替わっても、この地域の人々のスラヴ語の社会的地位は低く、教育や出版は禁止されたままであった。この彼らの言葉がベラルーシ語として公の地位を回復したのは、一九一七年のロシア革命後であった。一九一九年のベラルーシ・ソヴィエト社会主義共和国の成立や一九二二年のソヴィエト社会主義共和国連邦の結成の結果、独立したベラルーシ語が公的に認められ、キリル文字に基づいたベラルーシ語の正書法も定められたのである。

最後にウクライナについて見よう。今日のウクライナに該当する地域は、かつてのルーシの南部に当たる。そして、当初は、最も勢力が強かったキエフ公のお膝元として繁栄を誇った。しかしながら、十二世紀後半には、各都市の公が勢力を強め、諸公国が競い合うこととなる。この諸公間の紛争やポーロヴェッ人（チュルク系遊牧民）の侵入などでキエフを含むドニエプル川中流域は荒れ果て、人口も大きく減っていたが、一二四〇年、モンゴル軍によりキエフ公国は滅亡した。その後、十四世紀になると、キエフを含むドニエプル川中流域は、リトアニアの支配下に組み込まれ、一五六九年のリトアニア大公国とポーランドの合体後は、公用語がポーランド語となってしまった。その結果、今日のウクライナに該当する地域の社会においては、東方教会の勢力下では社会的威信を持つ言語は教会スラヴ語で、実務文献はキリル文字を用いる「プロスタ・モーヴァ」(世俗語)であり、他方、西方教会の勢力下では社会的威信を持つ言語はラテン語で、実務文献はローマ字を用いるポーランド語であるという状況が続いた。

十九世紀になると、ウクライナはポーランド(西方教会)の支配からロシア帝国(東方教会)の支配に替わった。しかし、ロシア帝国は、ウクライナ語を認めずに、それをロシア語の一つの方言に過ぎない存在とみなしていたので、ウクライナ語の公的使用を禁止した。ウクライナ語として公的な使用が出来るようになるのは、一九一七年のロシア革命後であった。一九一七年のロシア革命後、激しく複雑な内戦を経て、一九一九年のウクライナ・ソヴィエト社会主義共和国の成立や一九二二年のソヴィエト社会主義共和国連邦の結成の結果、ウクライナ語が公的に認められ、キリル文字に基づいたウクライナ語の正書法も定められたのである。

ローマ字を与えられたスラヴ人

アヴァール人の西進に巻き込まれて原郷から遠く離れたバルカン半島やヨーロッパ中部にまで拡散したスラヴ人の内で、キリスト教を受け入れたスラヴ人たちは、ローマ字を用いて、スラヴ人の言葉を書き表すことを試みたが、彼らは言語の構造を考えることをしなかったので、どの試みも首尾よくゆかなかったのであった。このことを具体的に示す例が残されている。それは、十八世紀初頭にフライジング（ミュンヘンの北東）の聖コルビニアン修道院で発見された『フライジング断片』である。これはスラヴ語で書かれた祈祷書で、西方教会の典礼に則ったものであった。いわゆる「カロリング朝小文字体」のローマ字で書かれ、十一世紀初めの写本だと考えられている。今日のスロヴェニア語との近さをうかがわせる、西群のスラヴ語の特徴が強く読み取れる言葉遣いで書かれているのだが、その一方で、ローマ字は、とりわけ補助記号無しのそのままでは、スラヴ語の表記に適していないことが明確に伝わる資料となっている。ローマ字では、スラヴ語特有の音が表記できない場合があるのである。

このような問題を解決するために、すなわち、スラヴ語特有の音を何とかローマ字で表記できるようにするために、その後、チェコで改良が加えられた。それは、ヤン・フス（一三七〇？～一四一五）が、チェコ語の中のスラヴ語に特徴的な音（例えば、「シュ」、「チ」での子音に近い音）の表記に適合させるべく、「一音一字の原則」を目指してローマ字の用い方に工夫を加えたことであった。チェコ語では、それを受けてさらに改良が進んだ。このことは、やがて、ポーランド語でのローマ字表記の改革にも影響を与えてゆく。

このような、スラヴ語の音に適合させるべくローマ字の用い方に工夫を加える改良の成果は、南群スラヴ語を話すスラヴ人で西方教会の管轄下にあってローマ字を用いた人々にも伝播した。そして、クロアチア人リューデヴィット・ガイ（一八〇九～一八七二）による正書法に結実する。現在、南群のスラヴ諸語の中で、ローマ字表記を用いている場合は、どれも、ガイの考案した正書法を基礎にして、それぞれの言語に合わせた改良を加えたものである。

補助記号付きのローマ字の一例

本文中で紹介したように、いわゆる「カロリング朝小文字体」のローマ字では、スラヴ語の表記が上手く出来なかった。十一世紀初めの写本『フライジング断片』が示すとおりである。具体的に言えば、この『フライジング断片』のローマ字表記では「ス」、「ズ」、「シュ」、「ジュ」、「チ」、「ツ」のようなスラヴ語の音が的確に表記できず、また、語源的に鼻母音だった音も表すことが出来ていなかったのだ。

その後、十五世紀に、ヤン・フスによるチェコ語に適合させたローマ字改革が起こり、やがて、š（シュ）やč（チョ）のような補助記号付きの文字が誕生したのだった。すなわち、従来のローマ字に補助記号を付けることによって、スラヴ語特有の音を的確に表せるようになったのである。

以下で、現代のスラヴ諸語で用いられている補助記号付きのローマ字の具体例を見てみよう。

①スラヴ諸語の「ツ」に類した音での子音

この表記には、チェコ語もポーランド語もクロアチア語も、ただの「c」を用いる。

②スラヴ諸語の「チ」に類した音での子音

この表記は、言語により、異なる。チェコ語では、一つの音しか持たないが、ポーランド語とクロアチア語では、よく似た二つの音が存在する。

ポーランド語：「チョ」の子音に似た音は、「cz」で表す

「チ」の子音に似た音は、「ć」で表す

クロアチア語：「チョ」の子音に似た音は、「č」で表す

「チ」の子音に似た音は、「ć」で表す

チェコ語　：「チョ」の子音に似た音を「č」で表す（ポーランド語とクロアチア語のような「ć」により表記される音はない）

以上は、ほんの一例である。また、チェコ語では、この「ˇ」の他に、母音字の上に「ˊ」や「˚」を付したりすることもある。ポーランド語は「ˇ」は使わないが、「ˊ」や「˙」などいくつかの補助記号を用いているのである。

右では現代スラヴ諸語に用いられている補助記号付きのローマ字の具体例を見てきた。ところで、現代のスラヴ諸語で用いられているキリル文字にも、実はローマ字表記を用いるスラヴ諸語の場合と同じく、それぞれのスラヴ語に適合させた改良が加えられている。その最初の例が、本文でも触れた、ロシアのピョートル大帝（在位一六八二〜一七二五）の改良した文字体系である。世俗用の図書印刷のために考案されたので、「民間活字」と呼び習わされている。一七〇六年に開始されたこの改革は、Ѧ、Ѩなどを廃してЯを唯一の形にするなど「一音一字の原則」による大胆な改革であったが、保守層からの反発と妥協しつつ、一七四〇年代には固まっていった。

このピョートル大帝の「民間活字」は、同じくキリル文字を用いるブルガリアにも影響を与え、十九世紀には「民間活字」を踏まえた標準的な正書法の確立の動きが始まり、第二次世界大戦後に完成を見た。「民間活字」は、やはりキリル文字を使用するセルビア語にも影響した。それを

取り入れつつ、十九世紀に、セルビア語に合わせたキリル文字の改良を実現したのが、セルビア人ヴーク・カラジッチ（一七八七〜一八六四）であった。一例だけ、ローマ字表記を用いるよく似たスラヴ語のクロアチア語と比べてみよう。

①「ツ」：クロアチア語「c」。セルビア語「ц」

このцは、キリル文字の本来の文字のままであり、スラヴ語によく適合していることが分かる。

②「チ」に類した音：

クロアチア語（ローマ字）：「チョ」の子音に似た音は、「č」で表す
「チ」の子音に似た音は、「ć」で表す

セルビア語（キリル文字）：「チョ」の子音に似た音は、「ч」で表す
「チ」の子音に似た音は、「ћ」で表す

ここでの「チョ」の子音に似た音は、ほぼ同じ音がセルビア語にも、クロアチア語にも、チェコ語にもある。それゆえ、キリル文字本来の字形のままでчがスラヴ語によく適合していることが分かる。他方、「チ」の子音に似た音を、特別な字形「ћ」で表すことは、セルビア語の音の特徴に合わせた新たな工夫なのである。従って、このћは、ロシア語やブルガリア語のアルファベット（キリル文字）には含まれていない。逆に、ロシア語やブルガリア語のアルファベット（キリル文字）で、セルビア語のアルファベット（キリル文字）に含まれないものも存在するの

である。これは、同じキリル文字に由来するアルファベットを使用していても、それぞれのスラヴ語の特徴に合わせて、文字体系と近代的な正書法を確立したゆえのことである。

おわりに

本書の冒頭に引いた、ビザンツ研究の権威ポール・ルメルルの言葉を改めて思い返していただきたい。

「八六三年には、キュリロスとメソディオスが、モラビアにおける伝道のためテッサロニケを発ち、スラブ人たちの使徒となってゆく。八六四年には、ブルガリアの皇帝ボリスが、コンスタンチノポリスでミカエルというキリスト教徒の名を名乗って洗礼を受け、ついで人民たちに洗礼を課する。」(『ビザンツ帝国史』)

スラヴ人の立場からは、これこそが、スラヴ人が「歴史の檜舞台」に登場する発端であった。ただし、その後の現実はと言えば、ビザンツ帝国、ローマ教会、東フランク王国といった当時の強大な勢力のせめぎ合いの中で翻弄されてゆくこととなるのだった。

本書では、先のポール・ルメルルの簡潔な記述の向こうに潜んでいる、歴史の中で翻弄されたスラヴ人の有様を、古代スラヴ語の成立やその移り変わり、スラヴ人やその国家の盛衰などと絡めて述べてきた。そのことによって、キリスト教を受容したスラヴ人が、自分たちの言葉であるスラヴ語による典礼やスラヴ語で書かれた経典を得ていった経緯と、そこからさらに新たな文章語(古代ロシア文語)が生まれてゆく歴史の流れを説明してきた。さらに、その一方で、同じくキリスト教を受容しながらも、自分たちの言葉の典礼を手に入れることがないまま、キリスト教の信仰を続けていったスラヴ人のグループがあったことも述べてきた。自分たちの言葉による典礼を手にしたスラヴ人たちは、同時に、自分たちの言葉を書き記す独自の文字（グラゴール文字やキリル文字）を持つことが出来たのに対して、そうではないスラヴ人たちは、自分たちの文字を持つことが出来ずに、ローマ字を使い続けていたのである。こうして、いつの時代も、当時の強大な諸勢力の中で、その運命を左右され続けてきたスラヴ人だった。

だが、本書で述べてきたように、まず、古代スラヴ語によってスラヴ人は初めて文字を手に入れ、文章を書き記すことを始めた。この事実、すなわちスラヴ人自身の言葉によって文献を書き残せるようになったことの歴史的意味は大きい。次に、自身の文字を手に入れ、文章を書き記すことで、スラヴ人は、自分たちの言葉を通してキリスト教世界と関わりを持つことが出来た。そして、とりわけ東方教会の圏内において、そのことを通じて自らの存在感を高め、スラヴ人が大きな存在となっていった事実も見逃すことが出来ない。このように、古代スラヴ語は、スラヴ人にとって何物にも代え難い大きな意義を持っているのである。

索　引

参考文献

ティモシー・ウェア『正教会入門：東方キリスト教の歴史・信仰・礼拝』、新教出版社、2017。

フィリップ・ヴォルフ『ヨーロッパの知的覚醒』、白水社、2000。

風間喜代三『ラテン語とギリシア語』、三省堂、1998。

木村彰一『古代教会スラブ語入門』、白水社、1985。

木村彰一、岩井憲幸「コンスタンティノス一代記：訳ならびに注（1）«Vita Constantini» Translation with Commentary（I）」、『スラヴ研究』（北海道大学スラブ研究センター）31、1984。

木村彰一、岩井憲幸「コンスタンティノス一代記：訳ならびに注（2）«Vita Constantini» Translation with Commentary（II）」、『スラヴ研究』32、1985。

木村彰一、岩井憲幸「メトディオス一代記：訳ならびに注 «Vita Methodii» Translation with Commentary」、『スラヴ研究』33、1986。

佐藤純一『ロシア語史入門』、大学書林、2012。

高橋保行『ギリシャ正教』、講談社学術文庫、1980。

外川継男『ロシアとソ連邦』、講談社学術文庫、1991。

廣岡正久『東方正教会・東方諸教会　宗教の世界史；10．キリスト教の歴史；3』、山川出版社、2013。
J. フェンネル『ロシア中世教会史』、教文館、2017。
クラウディア・ブリンカー・フォン・デア・ハイデ『写本の文化誌：ヨーロッパ中世の文学とメディア』、白水社、2017。

ジュディス・ヘリン『ビザンツ：驚くべき中世帝国』、白水社、2010。
V. V. マヴロージン『ロシア民族の起源』、群像社、1993。
益田朋幸『ビザンティン　世界歴史の旅』、山川出版社、2004。
B. M. メッツガー『図説ギリシア語聖書の写本：ギリシア語古文書学入門』、教文館、1985。
フーゴー・モーザー『ドイツ語の歴史』、白水社、1967。

森安達也『世界の歴史——ビジュアル版〈9〉ビザンツとロシア・東欧』、講談社、1985。

森安達也（編）『スラヴ民族と東欧ロシア　民族の世界史 10』、山川出版社、1986。

ポール・ルメルル『ビザンツ帝国史』、白水社・文庫クセジュ、2003。

レーベヂェフ（編）『ロシア年代記　ユーラシア叢書 30』、原書房、1979。

＊　＊　＊

Букатевич Н. И. и др. Историческая грамматика русского языка. Киев, 1974.

Булкин В. А., Дубов И. В., Лебедев Г. С. Археологические памятники древней Руси IX - XI веков. Л., 1978.
Галицко-Волынская летопись. СПб., 2005.
Древняя Русь в свете зарубежных источников : хрестоматия в пяти томах. М., 2009-2010.
Дуличенко А. Д. Введение в славянскую филолигию. М., 2015.
Загорульский Э. М. Древняя история Белоруссии. Минск, 1977.
Иванова Т. А. Старославянский язык, 2-е изд., перераб. СПб., 1998.
История литератур западных и южных славян. Том I (От истоков до середины XVIII века). М., 1997.
Истрин В. А. 1100 лет славянской азбуки. Изд. 3-е. М., 2010.
Очерки истории культуры славян. М., 1996.
Повесть временных лет. СПб., 1996.
Проблемы этногенеза славян. Киев, 1978.
Ремнева М. Л. Путь развития русского литературного языка XI - XVII вв. М., 2003.
Рыдзевская Е. А. Древняя Русь и Скандинавия IX - XIV вв. М., 1978.
Сапунов Б. В. Книга в России в XI - XIII вв. Л., 1978.
Свод древнейших письменных известий о славянах. Том II (VII - IX вв.). М., 1995.
Сводный каталог славяно-русских рукописных книг, хранящихся в СССР. XI - XIII вв. М., 1984.
Сказания о начале славянской письменности. М., 1981.
Славяне и финно-угоры. СПб., 2006.
Славянская языковая и этноязыковая системы в контакте с неславянским окружением. М., 2002.
Смирнов С. В. Отечественные филологи-слависты середины XVIII - начала XX вв. М., 2001.
Столярова Л. В. Из истории книжной культуры русского средневекового города (XI - XVII вв.). М., 1999.
Столярова Л. В., Каштанов С. М. Книга в Древней Руси (XI - XVI вв.). М., 2010.
Супрун А. Е., Калюта А. М. Введение в славянскую филологию. Минск, 1981.
Толстой Н. И. История и структура славянских литературных языков. М., 1988.
Толстой Н. И. Славянская литературно-языковая ситуация: Избранные труды, том II. М., 1998.

Трубачев О. Н. Этногенез и культура древнейших славян. М., 2002
Уханова Е. В. У истоков славянской письменности. М., 1998.
Хабургаев Г. А. Первые столетия славянской письменной культуры. М., 1994.
Языки мира. Славянские языки. М., 2005.

* * *

Conte, Francis *The Slavs.* Columbia University Press, 1995.
Cooper, Henry R. *Slavic Scriptures : the formation of the Church Slavonic version of the Holy Bible.* Fairleigh Dickinson University Press, 2003.
Croke, Brian *Christian chronicles and Byzantine history, 5th-6th centuries.* Variorum, 1992.
Curta, Florin *The making of the Slavs : history and archaeology of the Lower Danube Region, c. 500-700.* Cambridge University Press, 2001.
Diels, Paul *Altkirchenslavische Grammatik.* Heidelberg, 1963.
Dolukhanov Pavel M. *The Early Slavs.* Longman, 1996.
Franklin, Simon *Writing, Society and Culture in Early Rus, c.950–1300.* Cambridge University Press, 2002.
Gojda, Martin *The Ancient Slavs.* Edinburgh University Press, 1991.
Kurz, Josef *Učebnice jazyka staroslověnského.* Praha, 1969.
Lunt, Horace G. *Old Church Slavonic Grammar.* New York, 2001.
Metzger, Bruce M. *The Early Versions of the New Testament: Their Origin, Transmission, and Limitations.* Oxford: Clarendon Press, 1977.
Moszyński, Leszek *Wstęp do filologii słowiańskiej.* Warszawa, 1984.
The New Cambridge history of the Bible, v. 2. From 600 to 1450. Edited by Richard Marsden and E. Ann Matter. Cambridge University Press, 2012.
Schaeken, Jos and Birnbaum, Henrik *Altkirchenslavische Studien I, II.* München, 1997-1999.
Schenker, Alexander M. *The Dawn of Slavic. An Introduction to Slavic Philology.* Yale University Press, 1995.
The Slavonic languages. Edited by Bernard Comrie and Greville G. Corbett. Routledge, 1993.
Sussex, Roland and Cubberley, Paul *The Slavic languages.* Cambridge University Press, 2006.
Vaillant, André *Manuel du vieux slave, I, II.* Paris, 1963-1964.
Vasmer, Max *Die Slaven in Griechenland.* Berlin, 1941.

著者略歴

一九五四年東京都生まれ。東京大学大学院人文科学研究科博士課程単位取得退学。博士（文学）。
京都大学名誉教授。
専門はスラヴ諸語に関する機能論的ならびに文献学的研究。

論文と著書

О некоторых примерах с формой прошедшего времени в Архангельском Евангелии 1092 г. In: Predrag Piper et al. (eds.) *Die Welt der Slaven: Sammelbände* Bd. 55, O. Sagner.
「ロシア語――英語だけではダメですか？」大木充・西山教行（編）『マルチ言語宣言：なぜ英語以外の外国語を学ぶのか』（京都大学学術出版会）、教科書『セメスターのロシア語　改訂版』（共著、白水社）など。

古代《こだい》スラヴ語《ご》の世界史《せかいし》

二〇二〇年一月三〇日　第一刷発行
二〇二三年六月二五日　第五刷発行

著者 © 服《はっ》部《とり》文《ふみ》昭《あき》
装幀　折原カズヒロ
組版　閏月社
発行者　岩堀雅己
印刷所　株式会社三陽社
発行所　株式会社白水社

東京都千代田区神田小川町三の二四
電話　営業部〇三（三二九一）七八一一
　　　編集部〇三（三二九一）七八二一
振替　〇〇一九〇-五-三三二二八
郵便番号　一〇一-〇〇五二
www.hakusuisha.co.jp
乱丁・落丁本は、送料小社負担にてお取り替えいたします。

誠製本株式会社

ISBN978-4-560-08864-7
Printed in Japan

古代教会スラブ語入門（新装版）

木村彰一［著］

スラブ文語中最古の《古代教会スラブ語》の知識は，スラブ諸語はもとより，広くインド・ヨーロッパ語を学ぶ者にとって欠かせません．序論，文字と音，形態，テクストと注，語彙集からなる本書は，簡潔で明解な説明に加え，現代スラブ諸語の知識の十分でない読者にも学べるよう配慮しました．

A5 判／ 211 頁

ロシア語のかたち［ワイド版］

黒田龍之助［著］

ロシア語の文字が解読できる，とびきり楽しい入門書．まずはロシア語で使うキリル文字で，みなさんの名前を書いてみましょう．ロシア語がぐっと身近なものになりますよ．街にあふれる看板やメニューなどを素材にロシア語をはじめてみませんか．

A5 判／ 115 頁

初級ロシア語 20 課

桑野 隆［著］

四半世紀にわたるロングセラー『エクスプレス　ロシア語』の最新改訂版．コンパクトながらもロシア語の全体のしくみを過不足なく学べます．自習書としても，教科書としてもお薦め．

A5 判／ 150 頁【CD付】